网络法论丛

第6卷

腾讯研究院 著

中国政法大学出版社
2020·北京

声 明	1.	版权所有,侵权必究。
	2.	如有缺页、倒装问题,由出版社负责退换。

图书在版编目(CIP)数据

网络法论丛.第6卷/腾讯研究院著.—北京:中国政法大学出版社,2020.8
ISBN 978-7-5620-9629-0

Ⅰ.①网… Ⅱ.①腾… Ⅲ.①计算机网络-科学技术管理法规-中国-文集 Ⅳ.①D922.174-53

中国版本图书馆 CIP 数据核字(2020)第 162350 号

出 版 者	中国政法大学出版社
地 址	北京市海淀区西土城路 25 号
邮寄地址	北京 100088 信箱 8034 分箱 邮编 100088
网 址	http://www.cuplpress.com(网络实名:中国政法大学出版社)
电 话	010-58908586(编辑部) 58908334(邮购部)
编辑邮箱	zhengfadch@126.com
承 印	固安华明印业有限公司
开 本	880mm×1230mm 1/32
印 张	8
字 数	200 千字
版 次	2020 年 8 月第 1 版
印 次	2020 年 8 月第 1 次印刷
定 价	49.00 元

编辑委员会

顾　问：周汉华　郭凯天
名誉主席：Brent Irvin　谢　呼　江　阳
主　编：司　晓
副主编：张钦坤　杨　乐　周　辉
编委会成员：江　波　徐　炎　谢兰芳　梁凤霞　王妩蓉
　　　　　肖黎明　刘　勇　朱劲松　汤锦淮　陈　勇
　　　　　杨　鹏　李　佳　王小夏　黄晓锦　黄嘉慧
　　　　　张　鑫　李　平　孟春婷　曾　磊　邱少林
　　　　　李　丽　刁云芸　王　融　蔡雄山
编　辑：柳雁军　彭宏洁　田小军　易镁金　彭　云
　　　　曹建峰　李　霞　卢　超　孙南翔　刘灿华

出版说明

这是一个大变革的时代。大数据、云计算、物联网、人工智能代表的技术和产业浪潮，在重构人们生活、学习和思维方式的同时，也给全球法治带来了巨大的挑战和机遇。在全面推进互联网法治建设的部署和感召下，我们见证了网络法立法和研究的飞跃式发展。《网络安全法》《电子商务法》等互联网基础性立法出台或取得重大突破，互联网金融、网络游戏、网络影视、互联网地图、共享出行、网络餐饮等垂直细分领域的法律政策不断涌现，其他立法也或多或少地将回应互联网问题或趋势作为新时代立法的必要内容。可以说，网络法律规则日臻完善，互联网专门立法体系基本形成。同时，网络法研究对象不断扩张，数据治理、虚拟财产、网络犯罪、自动驾驶、共享经济等问题，涉及刑法、民法、知识产权法、劳动法、竞争法等多个法律领域的融合，很难被归于其中之一。网络法研究正加速形成独特的法律领域，甚至有学者提出赋予网络法独立的部门法地位。

我们在思考和编写本套图书的同时，已经明显地看到了中国法学研究正在全面拥抱互联网。各大法学院纷纷成立独立的网络法研究机构，研究力量迅速增强，青年学者集中涌现。同时,中国互联网发展的洪流中,有无数奋斗在第一线的法律实务工作者。他们了解现实,分析未来,手握笔墨,挥斥苍穹。每个法律人的一小步,集合起来,就是网络法发展进程的一大步。

编写《网络法论丛》,是顺势而为,更是时不我与。本论丛是广大网络法学者、实务工作者的智慧集成,旨在呈现国内外网络法领域的前沿观察、理论研究等学术成果,并重点选择其中佳作与学界同仁及读者一起分享,共同记录并见证网络法立法和研究的进步和繁荣。

卷首语

1994年,中国全功能接入世界互联网,开启了飞跃式发展的二十年,取得了从跟跑到并跑再到部分领域领跑的瞩目成就;当然也面临着颠覆式创新带来的新问题、新挑战。"理论同实践相统一",是时代对研究工作的期许。互联网技术、应用变化很快,传统法律理论、制度等面临全面挑战,这就需要研究者研究、理解互联网引发的政治、经济、社会生活等一系列变革,巧妙地运用并创新理论、制度,解决实际问题。正是出于推动网络法领域理论研究和实践创新良性互动的想法,2017年,腾讯研究院、中国社科院文化法制研究中心联合举办了首期"网络法工作坊"活动,搭建网络法领域的开放性、专业性学术研讨和交流平台,得到了网络法研究领域青年学者的积极支持。2018年,工作坊第二期成功举办。2019年,工作坊第三期也继续进行。《网络法论丛》第6卷汇集第三期"网络法工作坊"专家学者的研究文章,与学界同仁及读者一起分享。文章主要涉及数据治理、平台责任等法律问题,视角多元,既有对法律规则和法律制度的全面思考,也有对具体实践的深度回应。网络法研究领域的大多数课题,是产业发展过程中实际遇到的难题。《网络法论丛》第6卷的出版,让我们看到网络法研究中部分前沿思想,透过这些文章足以窥见目前网络法研究的发展盛况,以及理论研究与实践的紧密结合,而这也正是网络法研究保持活力的源泉。

目 录

【数据治理】

儿童个人信息网络保护难题
——兼评《儿童个人信息网络保护规定》| 003
知情同意规则的构建设想 | 021

【平台责任】

应用商店经营者较高注意义务辨析 | 039
电商"二选一"非法性分析与规制路径展望 | 049

【知识产权】

从数字音乐转让技术的发展看著作权法权利穷竭原则的适用 | 063
试论个性化创新时代的知识产权保护 | 075

【新技术的法律影响】

算法透明原则的迷思——算法规制理论的批判 | 099

算法推荐平台中内容聚合的利弊反思与治理路径 | 133
人工智能算法规制的原理与方法 | 141
"脸"的三重内涵及其法律规制 | 165
解读世界首例警方使用人脸识别技术合法性判决 | 174
生物特征识别信息商业应用的中国立场与制度进路
　　——鉴于欧美法律模式的比较评价 | 187

【网络犯罪】

社会治理智能化建设研究报告 | 217
论犯罪预防与人脸识别技术之间的博弈
　　——基于隐私与效率的角度 | 234

数据治理

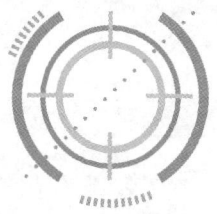

儿童个人信息网络保护难题
——兼评《儿童个人信息网络保护规定》

孙益武　杭州师范大学沈钧儒法学院副教授*

摘要：我国关于儿童个人信息的规定呈现松散立法的特点。《网络安全法》《未成年人保护法》及即将颁布实施的《民法典》《个人信息保护法》等法律虽然奠定了儿童个人信息保护的基本原则和规则，但实践中，儿童个人信息保护中的年龄验证、监护人同意等操作存在诸多困难；知情同意原则的虚化使得儿童个人信息保护无法得到有效落实。《儿童个人信息网络保护规定》细化并完善了保护儿童个人信息的实操性规范，但对于儿童年龄界定、监护人有效明示同意等需要进一步澄清和落实。

近年来，个人信息保护在我国各界都是被经常讨论的热点议题。《网络安全法》已经对个人信息收集、使用规范等作出强制性规定，《信息安全技术　个人信息安全规范》等国家标准从技术和标准层面为个人信息保护筑起防火墙，"App 专项治理工作组"[1]

---

* 基金项目：本文系国家社科基金《个人信息跨境流动的法律规制研究》（19BFX203）阶段性研究成果。

〔1〕 2019 年 1 月，由国家互联网信息办公室等四部门联合发布的《中央网信办、工信部、公安部、市场监管总局关于开展 App 违法违规收集使用个人信息专项治理的公告》（以下简称《公告》）。为落实《公告》相关部署，受四部门委托，全国信息安全标准化技术委员会、中国消费者协会、中国互联网协会、中国网络空

更是将个人信息作为 App 专项治理的对象。

当讨论个人信息保护时，总是假定此处的"个人"是成年人；其实，个人信息不仅事关成年人，也包括未成年人或儿童。联合国《儿童权利公约》第 16 条规定："儿童的隐私、家庭、住宅或通信不受任意或非法干涉，其荣誉和名誉不受非法攻击。"在数字时代，未成年人不可能被网络隔离。如果法律规定，只有成年人才能接触网络。显然，这是因噎废食的想法，实践中也不可能落地。反之，形成共识的是儿童有权接触网络，他们有权通过网络来学习、娱乐和社交。因此，即使是在实行内容分级制度的国家，通过场景隔离来绝对防止儿童不受网络暴力和欺凌的危害是不可行的，儿童个人信息网络保护也是如此。[1]美国《儿童在线保护法案》(COPA)曾被认定为违反《宪法第一修正案》而无效。[2]因此，不能将儿童个人信息收集的合规条件挡在网络世界之外。儿童个人信息保护的目的是保护儿童权利，而非限制儿童接触网络。

《儿童权利公约》对儿童获取信息和表达自由给予了极大的关注，该公约第 13 条在规定儿童自由发表言论的权利时，特别说明这项权利可通过口头、书面或印刷、艺术形式或儿童所选择的任何其他媒介，寻求、接受和传递各种信息和思想。此外，在今天的语境下，儿童选择的任何其他媒介显然包括互联网。同时，鉴于大众传播媒介的重要作用，《儿童权利公约》第 17 条

(接上页) 间安全协会成立 App 违法违规收集使用个人信息专项治理工作组（简称"App 专项治理工作组"）。

[1] Shmueli, Benjamin and Blecher-Prigat, "Ayelet, Privacy for Children (January 24, 2011)", *Columbia Human Rights Law Review*, Vol. 42, pp. 759~795, 2011.

[2] 汪靖、符梦婷："美国儿童网络隐私保护法律制度经验与启示——基于 1998-2018 年处罚案例分析"，载《中国青年社会科学》2019 年第 4 期，第 120~127 页。

重申缔约国应确保儿童能够从多种的国家和国际来源获得信息和资料；但可制定适当的准则，保护儿童不受可能损害其福祉的信息和资料所侵害。

本文所有讨论的前提是儿童在网络接入和内容获取上与成年人享有同样的权利；但是为了有针对性地保护儿童，需要在儿童获取内容方面做一些限制，同时在儿童个人信息的处理上也应作出区别对待。

一、我国儿童个人信息保护的法律渊源

儿童个人信息保护涉及的行为主体众多，法律关系复杂，需要多种法律规范予以调整，并确定适用顺序，只有这样才能很好地引导网络运营者和网民的行为。在《民法典》（人格权编）和《个人信息保护法》尚未颁布实施之前，《网络安全法》作为保障网络安全的根本大法，在网络信息安全方面重点规定了个人信息收集、使用的基本原则和企业的合规义务。儿童作为未成年人主体的组成部分，儿童个人信息保护可能只是未成年人保护整体框架下的小部分内容，但也涉及未成年人的家庭保护、学校保护、社会保护和司法保护等多个方面。

立法模式的传统分类包括统一立法模式和分散立法模式。统一立法模式是指国家专门制定关于儿童个人信息保护的法典，较为系统地规定儿童个人信息保护制度；分散立法模式是指关于儿童个人信息保护的法律条文散见于《民法》《侵权责任法》《网络信息法》《未成年人保护法》等法律中，具体规定较为分散。[1]严格意义上来说，即便是以《儿童网络隐私保护法》（COPPA）为代表的美国和以《通用数据保护条例》（GDPR）为

---

[1] 殷峻：“网络时代儿童个人信息的法律保护——基于美国和欧盟立法的比较研究”，载《学术研究》2018年第11期，第73~78页。

代表的欧盟，也不是严格意义上的统一立法模式代表例，因为儿童个人信息保护规范只是在相关立法中相对集中地规定，但仍有很多内容在其他部门或领域中规定，例如教育教学活动中的儿童个人信息保护、[1]健康医疗领域中的儿童个人信息保护等。

我国采用的也是分散立法模式，儿童个人信息保护的规定分散在《网络安全法》《个人信息保护法》《未成年人保护法》等多部法律中，但每部法律的立法目的和规范要点均存在差异。

（一）《未成年人保护法》

1991年发布的《未成年人保护法》经过了2006年和2012年两次修订，目前正在进行第三次修订。《未成年人保护法》第39条规定："任何组织或者个人不得披露未成年人的个人隐私。对未成年人的信件、日记、电子邮件，任何组织或者个人不得隐匿、毁弃；……"

《未成年人保护法》在明确承认未成年人享有生存权、发展权、受保护权和参与权等权利的前提下，确立了保护未成年人的基本原则，强调需要尊重未成年人的人格尊严，根据未成年人的身心发展规律给予特殊保护和优先保护，这也给儿童的个人信息保护指明了法律适用范围和基本原则。

（二）《未成年人网络保护条例》

为了营造健康、文明、有序的网络环境，保障未成年人的网络空间安全，保护未成年人的合法网络权益，促进未成年人的健康成长，根据《国务院2016年立法工作计划》，国家互联

---

[1] Ritvo, Dalia and Bavitz, Christopher and Gupta, Ritu and Oberman, Irina, Privacy and Children's Data – An Overview of the Children's Online Privacy Protection Act and the Family Educational Rights and Privacy Act (November 14, 2013). Berkman Center Research Publication No. 23. Available at SSRN: https://ssrn.com/abstract=2354319 or http://dx.doi.org/10.2139/ssrn.2354319.

网信息办公室起草了《未成年人网络保护条例（草案征求意见稿）》[1]并于2016年9月30日向社会公开征求意见。根据《国务院2018年立法工作计划》，《未成年人网络保护条例（草案）》于2018年提请全国人大常委会审议。[2]

除了"网络信息内容建设"这一防止未成年人接触有害网络内容的规定，《未成年人网络保护条例》在"未成年人网络权益保障"一章中，专门规定了相关主体通过网络收集、使用未成年人个人信息应当遵循的基本原则；并且强调未成年人或其监护人可以要求网络信息服务提供者删除、屏蔽网络空间中与其有关的未成年人个人信息。这种规定进一步落实了儿童的个人信息删除权，特别是在数据收集主体不明的情况下，权利主体能否向展示其个人信息的网络信息服务提供者主张权利，法律明确给予救济。

（三）《民法典》与未成年人个人信息保护

目前，我国民法学者形成的通说认为，个人信息保护属于人格权的范畴。[3]《民法典》（人格权编）第六章"隐私权和个人信息保护"中共有8个条文规定了隐私和个人信息保护，其中5个条文专门规定了个人信息的定义、收集和使用的基本原则，自然人的权利及收集者、使用者的合规义务。

针对部分法学教学研究机构和社会公众提出的"加强对未

---

[1] 国家互联网信息办公室："关于《未成年人网络保护条例（草案征求意见稿）》公开征求意见的通知"，载http://www.cac.gov.cn/2016-09/30/c_1119656665.htm，访问日期：2019年6月30日。

[2]《国务院办公厅关于印发〈国务院2018年立法工作计划〉的通知》，载www.gov.cn/zhengce/content/2018-03/14/content_5274006.htm，访问日期：2019年6月30日。

[3] 杨立新："个人信息：法益抑或民事权利——对《民法总则》第111条规定的'个人信息'之解读"，载《法学论坛》2018年第1期，第34~45页。

成年人个人信息的保护"的建议,全国人大宪法和法律委员会建议采纳上述意见,在草案中增加规定:对收集使用未成年人等无民事行为能力人或者限制民事行为能力人的个人信息的,应当征得其监护人同意,但是法律、行政法规另有规定的除外。

由此可见,《民法典》的编撰已经充分认识到未成年人个人信息保护的特殊意义,要求在收集和使用未成年人个人信息时需要征得监护人同意;这种规定整体上与美国 COPPA 法案等法律规范保持一致。

二、我国儿童个人信息保护的实践及困难

(一) 违法收集和使用儿童个人信息的危害

根据中国互联网络信息中心(CNNIC)统计,截至 2019 年 6 月,我国网民规模达 8.54 亿,其中 10 周岁以下网民群体占网民总体的 4.1%,10 周岁至 19 周岁网民群体占网民总体的 17.5%。[1]

经济合作组织(OECD)信息安全与隐私工作组将儿童上网风险分为三类:网络技术风险、商业风险(消费者相关的风险)和信息隐私与安全风险。[2]其中,线上骚扰、非法互动、在线营销、过度消费和欺诈交易等风险与儿童个人信息被非法收集和使用关系密切。一旦儿童个人信息被非法收集和使用:一方面将影响儿童及其监护人的隐私与安宁;另一方面,由于儿童自我保护能力缺失,其个人信息的泄露和违法使用还会给儿童造成潜在的人身伤害。

(二) 儿童个人信息保护的实践困境

首先,未成年人接入网络服务存在障碍。根据中国三大电

---

[1] 参见 2019 年 8 月 30 日中国互联网络信息中心第 44 次《中国互联网络发展状况统计报告》。

[2] OECD, The Protection of Children Online: Recommendation of the OECD Council Report on risks faced by children online and policies to protect them, 2012.

信运营商的要求，16周岁以下的儿童无法办理独立的移动通信手机号码。因此，许多要求通过手机实名制注册验证身份的网站或网络应用，儿童是无法独立注册使用的。实践中，各种在线教育移动应用程序（App）都是由家长进行身份信息注册，然后把终端交给未成年子女来使用。

其次，真实年龄验证流于形式。部分网站在注册时没有要求用户填写年龄或出生日期，或虽然要求填写但只作为数据画像的用户标签被记录，并不会准确识别成年人或未成年人而提出任何特殊要求。当年龄验证流于形式时，儿童个人信息保护也无从谈起，未成年人完全可以利用家长的身份信息或其他成年同伴的身份信息注册并使用网络服务。实务界已经从治理网络黑灰产业的角度关注到虚假注册带来的法律风险。实际上，从未成年人网络保护的角度，网络实名制有其积极意义。同样，监护人同意的验证也会碰到类似的现实问题。

最后，撇开儿童个人信息的人格利益，儿童个人信息的财产价值不高。无论营销多么精准，总希望找到有购买力或者能被骗到钱的对象。未成年人经济尚未独立，可供支配的财产十分有限。许多生活必需品的消费都由家长代为支付，未成年人经济上严重依赖父母。因此，儿童消费品的广告仍然针对的是成年人。从《消费者权益保护法》的角度看，儿童用品的消费者依然是父母等监护人。当然，这里并不是否认儿童信息泄露或滥用没有危害。

综合上述三点，由于儿童信息没有多少财产价值，收集儿童信息的应用场景很少，实践中往往是父母等监护人"代为受过"，对儿童消费的营销都精准地定位到父母。

在实践中，有的家长不仅不是儿童个人信息的保护者，反而是儿童个人信息的泄露者。[1]例如,他们有意或无意地在社交网络上"晒娃"(发布子女的照片)和公布未成年子女的各种个人信息,[2]既可能是上传载有姓名和出生日期的各种文件,也可能是孩子的学习成绩和医疗记录,这将给儿童个人信息的保护带来严重的安全隐患。

三、《儿童个人信息网络保护规定》的主要内容

相较散落于不同法律中的有关儿童个人信息的保护规范,国家互联网信息办公室发布的《儿童个人信息网络保护规定》聚焦于儿童个人信息保护,对法律适用范围、儿童年龄划分、监护人同意、企业法定义务、执法处罚等都作出了特殊的明确规定;相较于非儿童个人信息,要求企业在收集和使用儿童个人信息时承担更多、更重的法律义务。因此,《儿童个人信息网络保护规定》的总体基调便是"强保护",这是由于法律需要对儿童给予特殊的照顾,与未成年人立法保护的初衷一致。

在儿童的年龄划分上,《儿童个人信息网络保护规定》将"儿童"界定为不满 14 周岁的未成年人,这可能结合儿童身心发展的实际情况,并参考了国内刑事责任年龄的划分。在我国义务教育体系下,年满 14 周岁可能达到初中毕业,即完成基本的九年制义务教育,其知识储备和心理认知逐渐成熟。14 周岁的划定界线,与现有的部分国家标准、行业标准保持了一致,例如,《儿童社会福利机构基本规范》将儿童界定为 14 周岁及以下的人口;再如《儿童鞋安全技术规范》(GB30585-2014)

---

[1] Mathiesen, Kay, The Internet, Children, and Privacy: The Case Against Parental Monitoring (September 21, 2012). Available at SSRN: https://ssrn.com/abstract = 2150310 or http://dx.doi.org/10.2139/ssrn.2150310.

[2] Stacey B. Steinberg, "Sharenting: Children's Privacy in the Age of Social Media", *Emory Law Journal*, vol. 66, 2017.

规定其适用于 14 周岁及以下的儿童。但这种分类本身也存在许多需要澄清的地方，例如，"学龄期儿童"与"青少年"的界限并不清楚。

《儿童个人信息网络保护规定》进一步强化了对儿童及监护人的权利保护。在现有上位法《网络安全法》和《未成年人保护法》的基础上，强化了 GDPR 等个人信息保护规范中已经形成广泛共识的信息权利，如信息主体获知（查询）、更正及删除个人信息的权利，加大了对儿童个人信息权利的保护。

与权利保护相对应，《儿童个人信息网络保护规定》使企业的合规义务更加具体明确、更具操作性。企业义务包括透明度义务、安全保障义务和个人信息泄露通知义务等多个方面，作出明确的规定便于企业遵照执行。此外，《儿童个人信息网络保护规定》对无法识别属于儿童个人信息的计算机信息系统自动留存处理的信息排除适用；但排除适用需要同时遵守两个条件：一是相关儿童个人信息已经去掉"识别性"，换言之，相关信息已经不是"个人信息"；二是相关儿童个人信息是被计算机系统自动留存处理的，真正体现了技术的中立，特别是系统运行中的自动处理技术。

最后在法律责任方面，《儿童个人信息网络保护规定》明确了由网信部门主要负责，而《网络安全法》规定的其他有关部门在职责范围内进行执法。在严格执法和处罚之前，对于落实儿童个人信息安全管理责任不到位，存在较大安全风险或者发生安全事故的，可由网信部门依据职责约谈网络运营者，网络运营者则应当及时采取措施进行整改，消除隐患。在法律责任方面，监管部门可根据《网络安全法》的相关规定采取责令暂停相关业务、停业整顿、关闭网站、吊销相关业务许可证或者吊销营业执照等行政处罚。

四、我国儿童个人信息保护规范的完善

(一) 严格界定保护对象的年龄划分

《未成年人保护法》和《未成年人网络保护条例（草案）》都使用了"未成年人"的概念，即保护对象是不满 18 周岁的未成年人。而《儿童个人信息网络保护规定》第 2 条将"儿童"界定为不满 14 周岁的未成年人。[1]那么，13 周岁和 15 周岁的未成年人，他们在个人信息保护上的区别何在？

既然上位法之一是《未成年人保护法》，那么"儿童"和"未成年人"的关系如何处理？《未成年人保护法》中的"未成年人"是指未满 18 周岁的公民。《数据安全管理办法（征求意见稿）》第 12 条规定："收集 14 周岁以下未成年人个人信息的，应当征得其监护人同意。"言外之意是，14 周岁以上不满 18 周岁的未成年人本人的信息被收集只需要其本人同意即可。

"14 周岁"标准的划分依据何在？可能有几种来源加以解释，一是与美国 COPPA 法案保持一致；但美国 COPPA 法案为何用 13 岁及以下来界定儿童，[2]美国 COPPA 法案和立法文件并没有对此作出解释。有同仁揣测：美国 COPPA 法案中将保护

---

〔1〕 人民网公布的《游戏适龄提示草案》将对网络游戏治理提供更为细化的参照标准。《游戏适龄提示草案》要求在合法出版物的基础上，建议游戏公司根据游戏用户的"生理特征""认知能力""道德水平""法律依据"将游戏适龄范围划分为"18 岁以上（18+）""16 岁以上（16+）""12 岁以上（12+）""6 岁以上（6+）"四级。因 6 周岁以下儿童正处于视力发育等的关键时期，不建议他们独自使用电子产品进行游戏。

〔2〕 美国文献中用"teenagers"或"adolescents"来指代 13 周岁至 19 周岁的年轻人，儿童则指 0 至 12 周岁。Marwick, Alice E. and Murgia-Diaz, Diego and Palfrey, John G., Youth, Privacy and Reputation (Literature Review). Berkman Center Research Publication No. 2010 - 5; Harvard Public Law Working Paper No. 10 - 29. Available at SSRN: https://ssrn.com/abstract=1588163.

对象界定为"13周岁以下的儿童"可能原因是:英语中的数字从13、14等开始都是thirteen、fourteen……"teen"是teenager的缩写,因此13周岁及以后不再是children(包括baby、toddle或kid),所以划定了13周岁的年龄界限。[1]也有学者认为可能来自美国电影分级制度中的年龄划分,13周岁和17周岁是美国电影分级制度中的两个节点年龄,即PG-13、NC-17。也有观点认为与学制有关,基本义务教育或K12中小学毕业的时间大概是12周岁至13周岁。最后的说法是,与其刑事法律中的14周岁刑事责任年龄相一致。

然而,上述这些年龄分类并没有规范论证或实证数据予以支持。况且,在不同国家,由于营养和教育等原因,儿童心智成熟的年龄也不尽相同;甚至在同一国家的不同历史发展阶段也有所不同。例如,我国2017年《民法总则》规定,8周岁以上的未成年人为限制民事行为能力人,修改了1986年《民法通则》中10周岁以上为限制民事行为能力人的规定。

总之,如果以13周岁或14周岁的年龄划分需要给出一个相对合理地解释。笔者倾向于儿童即为未成年人,或者将《儿童个人信息网络保护规定》的标题直接改为《未成年人个人信息网络保护规定》与上位法保持一致;也与联合国《儿童权利公约》的界定相同。

(二) 儿童个人信息收集与监护人同意

由于儿童的认知能力有限,各国在法律制度中普遍设计了监护人制度。监护人的职责是代理被监护人实施民事法律行为,保护被监护人的人身权利、财产权利以及其他合法权益等。因此,监护人有义务保护被监护人的个人信息,第三方收集使用

---

[1] 感谢搜狐法律研究院高级研究员崔丽莎的分享和贡献。

被监护人的信息需要征得监护人同意,这种同意应当是明示并且可以被验证的。然而,征求监护人同意也是儿童个人信息保护实践中最大的困难所在。

首先,获取儿童个人信息要获得监护人同意,必然要首先收集监护人的联系方式。而监护人的联系方式是属于监护人的个人信息,需要取得监护人本人的同意,未成年子女未经父母同意能否提供这些信息?如果是未经允许则不能获得信息并加以使用,那么信息收集者应如何通知到监护人?"先收集监护人个人信息还是先收集儿童个人信息"就会演化成"先有鸡还是先有蛋"的困惑。

其次,假定法律规定为收集儿童个人信息这一目的而获得监护人的联系方式是个人信息收集同意原则的法定例外。那么,如何证明相关监护人是儿童的法定监护人?网民经常调侃"证明我妈是我妈"是一种奇葩的存在,但在线上场景中证明两个人的关系则更加复杂,特别是提供有法律效果的近亲属关系的证明。如果需要提交儿童的户口本或出生医学证明等信息,那么会造成信息收集者违反信息收集的密切关联和最小必要原则,导致过度地获取儿童及其监护人的个人信息,甚至是个人敏感信息。

再次,如何处理那些监护人并非儿童父母的特例同样困难重重。根据我国《民法总则》,未成年人的父母已经死亡或者没有监护能力的,由祖父母、外祖父母、兄、姐或其他愿意担任监护人的个人或者组织担任。近亲属之外的监护人可能还需要住所地的居民委员会、村民委员会或者民政部门出具"监护人证明"来证明儿童与特殊监护人之间的监护关系。

此外,证明监护人的同意是明示并且可以验证也困难重重。如果仅仅是电子邮件回复同意,可能存在儿童填写自己或同伴注册的邮箱代替父母回复的情形。如果需要银行卡验证或人脸识别和视频动态验证，监护人出于对隐私泄露的担心，可能拒绝同意。

总之，"明示同意"难以确保系监护人本人发出的真实意思表示。实践中存在儿童冒充监护人同意关于自己的个人信息收集、使用和披露的情况。因此，美国COPPA法案特别强调监护人同意需要"可被验证"（verified），并且列举"可被验证的监护人同意"的六种情形：父母签名的邮件、传真件或电子扫描件；金钱交易凭证；电话同意；视频连线同意；政府签发的身份认证系统；邮件回复双重确认。

这里有个问题需要澄清，如果儿童个人信息在运营者存储和使用一定期限后，儿童已经年满14周岁或已经成人，是否需要信息主体本人重新"同意"或"确认"？毕竟之前的同意由监护人代替自己作出，信息收集者和控制者应当给予儿童本人在达到法定年龄之后确认自己个人信息处置的机会。

从儿童利益保护的角度来看，我国《民法总则》规定，儿童可以独立实施纯获利益的民事法律行为或者与其年龄、智力相适应的民事法律行为。那么，对于这些数字时代的原住民，登录网站并使用视频或游戏应用，这些行为是否与其年龄、智力相适应？或者在除提供个人信息之外，无须支付任何金钱对价的网络应用场景中，是否能理解为"纯获利益"行为？如果儿童对个人信息的处置只会带来"纯获利益"，能否设定为监护人同意的法定例外。由此可见，儿童对个人信息的处置不能与交易场景中支付金钱对价作简单类比，也不能与名誉权等一般人格权相提并论，这是由于个人信息既有人格权保护的隐私和安全利益，又有现实的商业价值。

（三）隐私政策与告知同意原则

根据《网络安全法》和《电子商务法》等法律规定，收集个人信息的主体必须制定隐私政策，告知数据主体被收集数据的使用目的和方式，甚至是存储位置和期限等。网络运营者在既收集成年人信息又收集儿童个人信息时，是否需要另行制定针对儿童个人信息的特殊版本的隐私政策，还是在通用版本隐私政策中增加适当的条款来应对合规需要？由于法律没有明确规定，实践中，多数网络运营者只是在隐私政策中增加一条关于儿童个人信息的格式条款。

《儿童个人信息网络保护规定》第8条要求网络运营者设置专门的儿童个人信息保护规则和用户协议，并设立个人信息保护专员或者指定专人负责儿童个人信息保护；并且，适用于儿童的用户协议应当简洁、易懂。制定这一规定的初衷是为了加强对儿童个人信息的保护。但"专门的儿童个人信息保护规则和用户协议"如何体现？在哪些情况下，要求独立于普通隐私政策和用户协议之外的特殊版本？在对客户对象不做区分时，网络运营者可在普通隐私政策和用户协议中增加特殊段落或条款文本。这也是目前多数中国网络运营者的惯常实践。例如，以青少儿英语教学为主要服务的 VIPKID 在隐私政策中规定："我们非常重视对未成年人信息的保护。若您是18周岁以下的未成年人，请在您的父母或监护人的指导下仔细阅读本《隐私政策》，并在征得您的父母或监护人同意的前提下提交您的个人信息及使用我们的产品和/或服务。"[1]

不同于欧盟《通用数据保护条例》（GDPR）对"数据保护官"（DPO）的强制要求，我国在《网络安全法》中没有对企

---

〔1〕北京大米科技有限公司（VIPKID）隐私政策，载 https://www.vipkid.cn/entry/signup? &sem_ id=undefined，访问日期：2019年6月30日。

业要求设定"个人信息保护专员"的机构或岗位加以规定。"个人信息保护专员"与《数据安全管理办法（征求意见稿）》中的"数据安全责任人"是否要求同一或不同岗位，也不得而知。如果二者为不同岗位，可能会增加企业的用人成本。实践中，网络运营者完全可能是安排一个员工承担多个岗位职责。

"适用于儿童的用户协议应当简洁易懂"是否可行或必要？首先，如果儿童个人信息的收集必须取得监护人的同意，那么隐私政策和用户协议的读者则必须都是监护人而非儿童本人，进而使得这种"简洁易懂"的必要性存疑。另外，这种"易懂"是要让儿童易懂，还是让监护人易懂？儿童对"个人信息"本身都没有概念，更何况信息的收集、使用和处理及其背后的数据转移、数据画像和精准营销等概念。对于儿童来说，无论隐私政策多么具有针对性，多么简洁易懂，14周岁以下儿童也不可能充分认知和理解。当然，如果出现一个动画版的用户协议或个人信息使用规范，对儿童个人信息保护的法律普及有益无害。

其次，隐私政策成为网络运营者在严格监管之下最大化收集数据的豁免盾牌，网络运营者通过隐私政策为未来使用和转移个人信息留有空间。因此，网络运营者若希望尽量全面具体地披露个人信息收集、使用、转移和披露的方方面面，就难免使用晦涩难懂的计算机术语和法律专业词汇，用户协议和隐私政策则很难做到"简洁"和"易懂"。

最后，"告知—同意"原则在个人信息收集中被实践证明是无效的。如果用户不同意隐私政策，就无法使用网络运营者提供的网络服务，哪怕是与增值服务无关的基本服务。《儿童个人信息网络保护规定》要求网络运营者不得收集与其提供的服务无关的儿童个人信息，不得违反法律、行政法规的规定和用户协议的约定收集儿童个人信息。这与《网络安全法》第 41 条"网络运营者不得收集与其提供的服务无关的个人信息,不得违反法律、行政法规的规定和双方的约定收集、使用个人信息"相比,少了对"使用"信息的合法、合规和合约定的要求。实践中,"服务有关"还是"服务无关"也存在较大争议:哪些是基础服务和增值服务?何种服务可以理解为必要的基础服务?根据《数据安全管理办法(征求意见稿)》第 11 条第 2 款规定:"个人信息主体同意收集保证网络产品核心业务功能运行的个人信息后,网络运营者应当向个人信息主体提供核心业务功能服务,不得因个人信息主体拒绝或者撤销同意收集上述信息以外的其他信息,而拒绝提供核心业务功能服务。"那么,法律就要明确规定:哪些场景中需要哪些个人信息维持其核心业务,而场景和技术又在不断发展和迭代中,这对于立法和司法的适用都是极大的挑战。

此外,关于"告知事项"的具体内容,《儿童个人信息网络保护规定》和《数据安全管理办法(征求意见稿)》[1]二者关系并不明显,显然不是包含或补充关系,反而显得有些混乱,应当是将儿童个人信息保护作为"特殊法",在普通(成年人)个人信息保护规则的基础上附加额外义务。因此,告知事项的行文表述可以是在遵守《网络安全法》《数据安全管理办法(征求意见稿)》以及未来《民法典》(人格权编)和《个人信息

---

[1] 与《数据安全管理办法(征求意见稿)》第 8 条相比,收集使用规则应当明确具体、简单通俗、易于访问,突出以下内容:①网络运营者基本信息;②网络运营者主要负责人、数据安全责任人的姓名及联系方式;③收集使用个人信息的目的、种类、数量、频度、方式、范围等;④个人信息保存地点、期限及到期后的处理方式;⑤向他人提供个人信息的规则(如果向他人提供的);⑥个人信息安全保护策略等相关信息;⑦个人信息主体撤销同意,以及查询、更正、删除个人信息的途径和方法;⑧投诉、举报渠道和方法等。

保护法》等相关法规的基础上,增加披露或告知儿童个人信息保护相关的事项。

(四) 收集、处理儿童信息的基本原则

《儿童个人信息网络保护规定》第 7 条要求网络运营者在收集、存储、使用、转移、披露儿童个人信息时,应遵循正当必要、知情同意、目的明确、安全保障、依法利用的原则。本规定中对儿童个人信息的"操作"或"处理"包括收集、存储、使用、转移和披露,已较为全面。《数据安全管理办法(征求意见稿)》第 2 条有关数据活动的规定中使用的表述是"数据收集、存储、传输、处理、使用等活动",两者并不一致。因此,法律应当根据数据处理技术的发展对数据操作活动进行准确的类型化界定,避免法律法规中出现不一致的描述,并且没有对概念的内涵和外延作出界定。

"正当必要、知情同意、目的明确、安全保障、依法利用"这些原则本身并没有问题,但这些原则也适用于成年人或非儿童的个人信息处理或操作。那么,儿童个人信息保护中特有的原则是什么?是监护人同意还是儿童利益最大化?如果儿童个人信息的保护原则与成年人个人信息的保护原则没有任何区分,那么也就没有另行制定儿童个人信息保护单行或特别规定的必要性了。

笔者以为,儿童利益最大化应当成为儿童个人信息网络保护的首要原则,这也是不同于成年人个人信息保护的最大特点。联想到当前教育类移动应用程序(App)违规事件频发,针对未成年人或主要以未成年人为对象的网络产品、服务和 App 应当有更加严格的准入和监管机制。《教育部等八部门关于引导规范教育移动互联网应用有序健康发展的意见》中要求,以未成年人为主要用户的教育移动应用应当限制使用时长、明确适龄范围,对内容进行严格把关。这种从严要求恰恰体现了儿童利益最大化原则。

《儿童个人信息网络保护规定》第 15 条部分体现了儿童利益最大化的规定,它要求网络运营者对其工作人员应当以最小授权为原则,严格设定信息访问权限,控制儿童个人信息知悉范围。网络运营者的普通工作人员访问儿童个人信息的,应当经过个人信息保护专员或者其授权的管理人员审批,记录访问情况,并采取技术措施,避免违法复制、下载儿童个人信息。本条是不同于成年人个人信息保护的一个特色条款,规定内容相当于商业秘密保护中的保密性特殊要求。其目的是减少儿童个人信息的接触人员和范围;如果实践执行中没有折扣,无疑有助于儿童个人信息的特殊保护。本条同时较为全面地总结了保护儿童个人信息的特殊安全措施,包括:限制接触人员、设定访问权限、记录访问情况、采取技术措施等。其中,"避免违法复制和下载"更多是从企业内控角度讲的,也应当注意外部爬取个人信息等违法犯罪行为,或超越应用程序编程接口(API)授权调取儿童个人信息。

另外,关于接触儿童个人信息的规定可在实践中进一步探索与某些犯罪前科禁止制度相衔接。各地检察机关已在很多侵害未成年人犯罪案件中向法院提出禁止被告人未来从事与未成年人密切相关职业的量刑建议。相关被禁止与未成年人密切接触的职业,是否包括禁止主要或有机会接触到未成年人个人信息的相关职业?这在理论上值得讨论,从儿童利益最大化的角度作出扩大解释并不困难,也可以逻辑自洽,可以更好地加强对儿童个人信息保护。

知情同意规则的构建设想

崔丽莎　华为大中华终端法务部高级法律顾问

摘要：不同于欧盟《通用数据保护条例》(GDPR)规定的六个处理个人数据的合法性事由，我国现行立法体系仅规定了"同意"这一个要件，如《网络安全法》第41条规定收集、使用个人信息应经被收集者同意，在此基础上，部门规章、国家标准对"同意"进行了一定拓展。但是在实际业务中，收集、使用个人信息的场景、顺序、频次等都存在较大不同。如果没有妥当适用"同意"这一规则，将会削弱同意的有效性，也会造成网络运营者很难界分"一揽子同意"与"有效同意"的边界。因此，本文尝试从实践出发，探讨构建"知情同意规则"新的可能性。

一、知情同意规则的实施情况

（一）监管努力推进

为了使《网络安全法》规定的"同意规则"更加细化和更具操作性，很多监管机构都通过制定部门规章的方式予以回应，如国家市场监督管理总局在《网络交易监督管理办法（征求意见稿）》中规定，"网络交易经营者收集、使用消费者个人信息的，应当逐次征求消费者同意，不得采取一次性授权方式获得消费者同意"（第22条）；国家互联网信息办公室在《数据安全管理办法（征求意见稿）》中规定"仅当用户知悉收集使用规则并明确同意后，网络运营者方可收集个人信息"。(第9条)。

其他指引性文件也从其他角度进行了尝试，如《信息安全技术 个人信息安全规范》将《网络安全法》中规定的"同意"根据个人信息和个人敏感信息的不同区分为"授权同意"和"明示同意"。为配合2019年国家互联网信息办公室、工业和信息化部、公安部、国家市场监督管理总局联合开展的"App违法违规收集使用个人信息专项治理"工作，专项治理小组发布了《App违法违规收集使用个人信息自评估指南》《App违法违规收集使用个人信息行为认定方法》从反向细化了"未经同意收集使用个人信息的情形"。

（二）企业进退维艰

虽然在制度层面出台了多项规定或指引，但由于"同意"的规则和要求不尽相同，再加上实践中网络服务模式、收集个人信息的方式等多有不同，导致网络运营者在制定合规策略时面临很多不确定性，有的企业为了避免承担责任和舆论风险，在合规标准上选择"就高不就低"，如在用户首次安装打开应用程序（App）时会弹窗告知并征得用户同意，用户点击不同意的，则将无法使用App。这种模式极易引发新用户的流失，在无比重视日活跃用户数量（DAU）的网络运营者看来，这是为符合法律要求而做出的重大让步。然而却引发了各界人士的质疑，认为网络运营者这种"要么同意，要么走人"的设计实质上是通过"一揽子协议"强制用户授权同意。有的企业选择了低标准的合规策略，如没有设计"阻却"用户首次使用App的弹窗，且在登录界面也采用了"登录/注册即代表同意"的表述，然而却可能会承担来自媒体的负面评价及监管机构的执法风险。

（三）用户望文兴叹

网络运营者为了保障用户的知情权，通常都会在《隐私政策》（或类似名称）中详细介绍个人信息的收集使用、保存、对外提供、安全保障措施等内容，然而知情权与同意效力似乎很难达成平衡。

面对冗长的文本，很少有用户能够认真阅读下来，尤其是在很多场景下急于使用某个 App，会直接点击同意或其他按钮，从而削弱了"同意"本身的效力。这一点也成为反"知情同意规则"观点的重要理由。即便假设用户能够完整阅读每个 App 的《隐私政策》，也需要付出大量的时间成本。有美国研究人员经研究后发现，阅读一份隐私声明需要花费 8 分钟至 12 分钟，如果所有的美国消费者阅读所有自己浏览的网站的隐私政策，仅仅是一年内为此总计花费的时间将是 538 亿小时。[1]如此一来，同意的效力被弱化，用以保障用户个人信息自决权的初衷似乎也越来越远。

二、破局的理论支撑点

就目前的立法趋势来看，即便《个人信息保护法》增加了例外事由，"同意"仍然是重要的合法性事由之一。那么解决第一部分问题的方向应是构建适当的"知情同意规则"，寻求路径重构很可能是徒劳的。规则的构建需要理论支点，因此本部分的主要任务是寻找和探讨这一支撑点。从"同意"的内涵出发，在法律上，同意是对某种行为或目的的认可或允许，是由有能力的个人自愿作出的意思表示。[2]那么，用户认可或允许网络运营者收集、使用其个人信息的行为，无疑应当属于民事法律行

---

[1] Aleecia M. Mcdonald and Lorrie Faith Craor，the cost of reading privacy policies，http://lorrie.cranor.org/pubs/readingPolicyCost-authorDraft.pdf，访问日期：2019 年 7 月 11 日。

[2] 徐丽枝："个人信息处理中同意原则适用的困境与破解思路"，载《图书情报知识》2017 年第 1 期，第 106~113 页。

为的范畴，而民事法律行为的核心要素之一是"意思表示"。

(一) 意思表示的内涵

所谓意思表示，是指向外部表明意欲发生一定私法上效果之意思的行为。[1]根据《民法总则》第140条规定："行为人可以明示或默示作出意思表示。沉默只有在法律规定、当事人约定或者符合当事人之间的交易习惯时，才可以视为意思表示。"意思表示体系可如下图所示：

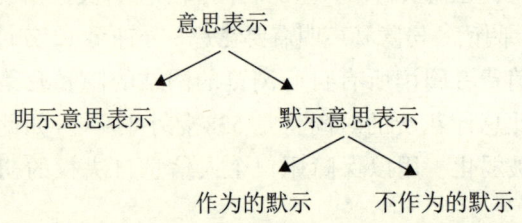

我们重点讨论"默示意思表示"。作为的默示是指一方当事人向对方当事人提出民事权利的要求，对方未用语言或文字明确表示意见，但其行为表明已接受的。[2]而不作为的默示又可以称为"沉默"，是指行为人既无语言表示也无行为表示的消极行为。[3]二者除了推定意思表示的依据不同之外，能够产生意思表示的效力源也不相同。

作为的默示只要法律没有明确禁止，即可以产生推定意思表示的效力。不作为的默示只有在法律规定、当事人约定或符合当事人之间的交易习惯时，才可以视为意思表示。

---

[1] 王利明：《民法总则》，中国人民大学出版社2009年版，第229页。

[2] 最高人民法院《关于贯彻执行〈中华人民共和国民法通则〉若干问题的意见（试行）》，第66条。

[3] 冯菊萍主编：《民法学概论》，上海人民出版社2012年版，第79页。

(二) 默示意思表示的适用场景

1. 《合同法》项下的默示意思表示

《合同法》在总则部分认可了"默示意思表示"的有效性。如第37条规定了作为的默示意思表示,即"采用合同书形式订立合同,在签字或者盖章之前,当事人一方已经履行主要义务,对方接受的,该合同成立",用行为推定来代替书面形式确认当事人双方的合意。第22条规定特定情形下"行为"可以视为承诺作出的一种方式;第26条认可了无须受领的默示承诺的效力。

在分则部分很多有名合同都承袭了总则部分的规定,如买卖合同中,买受人怠于通知的不作为,推定为"接受标的物数量或质量符合约定"的意思表示(第158条);试用期间届满,买受人对是否购买标的物未作表示的,视为购买(第171条)。租赁合同中,"租赁期间届满,承租人继续使用租赁物,出租人没有提出异议的,原租赁合同继续有效,但租赁期限为不定期"(第236条)等。

2. 知识产权法项下的默示意思表示

默示意思表示理论在知识产权领域中的适用成果便是"默示许可制度"。如《专利法》(2008年修订)第12条规定:"任何单位或个人实施他人专利的,应当与专利权人订立实施许可合同……"而修订前的《专利法》(2000年修订)第12条则规定:"任何单位或者个人实施他人专利的,应当与专利权人订立书面实施许可合同……"修订后的《专利法》(2008年修订)删除了许可合同的"书面"形式要求,这一修改不仅肯定了口头许可合同的效力,也肯定了包括默示许可在内的其他形式合同的效力。[1]

---

[1] 浩然、王国柱:"意思表示理论对知识产权默示许可制度的支撑",载《国家检察官学院学报》2013年第5期,第158页。

另外，在网络环境下的著作权领域，存在适用默示许可的情形，如搜索引擎与权利人之间，用户原创内容（UGC）与网络信息内容平台之间。前者典型的是 Field v. Google 案。原告 Blake A. Field 主张自己发布在个人网页上的 51 篇作品，被 Google 抓取并存储起来，侵害了他的复制权和发行权，故向 Google 请求赔偿。而 Google 认为搜索引擎在搜集网页时无法得到各个网页的著作权许可，因此采用了 Opt-out 机制，如果权利人没有采取相应措施拒绝搜索，则默认其同意。法院最终采纳了 Google 的抗辩理由，认为侵权不成立。

（三）默示意思表示适用于个人信息保护的可能性

1. 法律层面没有禁止

在我国现有已生效的个人信息保护立法体系中，收集、使用个人信息的合法性要求均是"同意"。除《网络安全法》之外，《消费者权益保护法》第 29 条"经营者收集、使用消费者个人信息，……并经消费者同意"；《全国人大常委会关于加强网络信息保护的决定》第 2 条"网络服务提供者和其他企业事业单位在业务活动中收集、使用公民个人电子信息，……并经被收集者同意……"《电信和互联网用户个人信息保护规定》第 9 条"未经用户同意，电信业务经营者、互联网信息服务提供者不得收集、使用用户个人信息。……"

并且上述有关"同意"的规定没有限定词，为"默示意思表示理论"的适用提供了空间。但我们也应看到，在国家日益强化对个人信息保护的环境下，"作为的默示"可能要比"不作为的默示"得到更多地认可，毕竟"作为的默示"还需要当事人做出一定的行为或其他积极动作来推定意思表示。

2. 司法层面已有探索

最典型的是朱烨诉百度[1]一案。在该案件中，一审、二审法院有关用户的知情权问题也产生了争议，二审法院认为百度公司将《使用百度前必读》的链接设置于首页下方，与互联网行业通行的设计位置相符，网络用户施以普通注意义务足以发现该链接。其次在《使用百度前必读》中，百度公司已经明确说明cookie技术、使用cookie技术的后果以及通过提供禁用按钮向用户提供选择退出机制，朱烨在百度公司已经明确告知上述事项后，仍然使用百度搜索引擎服务，应视为对百度公司采用选择"默认同意"方式的认可。法院在判决中参照了《信息安全技术　公共及商用服务信息系统个人信息保护指南》关于明示同意与默许同意的规定，指出百度公司对匿名信息进行收集、利用时采取明示同意和默示同意相结合的方式亦不违反国家对信息行业个人信息保护的公共政策导向，未侵犯网络用户的选择权和知情权。

三、知情同意规则的构建

（一）构建二元化的同意规则

经过上文的分析，构建明示同意、默示同意二元化的同意规则存在很大的空间和可能性，进而需要讨论另一个关键的问题：以什么样的维度来划分明示同意、默示同意呢？现行各国个人信息保护法律中主要有两种模式：

1. 以个人信息敏感度为维度的分级同意模式

如加拿大的《个人信息保护和电子文件法》（PIPEDA）规定，处理个人敏感信息的，应征得信息主体的同意，而对个人

---

[1]　南京市中级人民法院［2014］宁民终字第5028号民事判决书。

非敏感信息，遭到信息主体的反对才不能处理。再如澳大利亚《1988年联邦隐私法》规定收集个人敏感信息应征得同意或满足其他合法性事由，而收集个人非敏感信息只需通知信息主体即可。

我国现行的两个标准《信息安全技术 个人信息安全规范》及《公共及商用服务信息系统个人信息保护指南》针对个人非敏感信息、个人敏感信息分别规定了授权同意、明示同意以及默许同意、明示同意。

2. 以处理目的为维度的分级同意模式

欧盟《通用数据保护条例》在第6条规定了6个数据处理的合法性事由，除同意之外，其他合法性事由包括合同之必要、履行法定义务之必要、保障数据主体或其他自然人重要利益、执行公共利益任务或公务职权之必要、正当利益之必要。这虽然是合法性事由，但仍是数据处理的目的。它们跟"同意"的区别在于，通常数据控制者首先从这五项中寻求数据处理的目的依据，并告知数据主体（GDPR第13条、第14条规定的知情权）；如果这五项都无法囊括但又具有正当性的，则归入"其他目的"，告知数据主体并征得其同意。所以严格意义上来讲，这五项与"同意"在性质上并不是并列关系。

欧盟《指令2009/136/EC》（又称《欧洲Cookie指令》）规定网站就存储cookie或获取用户端存储的cookie的，应当获得用户同意。但同时又规定，为提供用户明确要求的信息服务而极其需要（strictly necessary）cookie，或者cookie仅用于传输通信目的，则无须取得用户同意，根据欧盟官网的解释，可包括以下情形：

- 会话期间的输入cookie。
- 会话期间的身份验证cookie。

- 以用户为中心的安全 cookie，用于检测身份验证滥用，并链接到用户明确请求的功能，持续时间有限。
- 会话期间的多媒体内容播放器 cookie，如 Flash 播放器 cookie。
- 会话期间的负载平衡会话 cookie。
- 用于浏览器会话的用户界面自定义 cookie。

另外，即便《欧洲 Cookie 指令》认为电子营销服务是增值服务，需要事先征得用户同意，但如果是履行合同的延伸（如用户之前购买了商品或服务，企业可以向其发送类似商品或服务的电子营销邮件等），可以不事先征得同意直接实施，直到用户反对。

在澳大利亚的垃圾邮件法案（《商业电子邮件法（2003年）》）中，默示同意被称为"推断同意"。在加拿大的《反垃圾邮件法》（CASL）中，认可特定条件下的默示同意，如当事人与企业存在商业关系（如为了购买商品或服务而实施了交易、询问、申请、书面合同等）。

针对上述两种模式，笔者更倾向于采用第二种模式。一是虽然我国法律给出了个人信息、个人敏感信息的定义，但因为"识别性"这一特质本身需要场景化判断，除了具有唯一指向性的身份证号码、基因等数据之外，大多数数据都需要结合其他信息才能识别到特定个人。二是个人信息与个人敏感信息的界限无论是在执法还是立法文件中都已逐渐模糊。

那么，基于模式二，对我国知情同意规则的构建建议如下图：

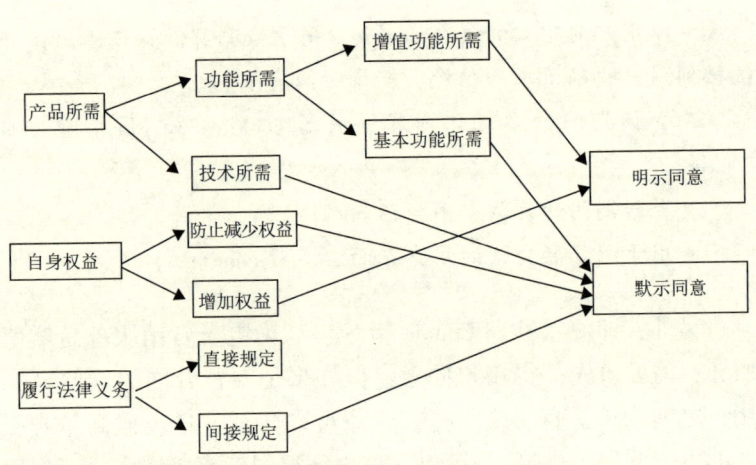

网络运营者在提供服务过程中，涉及的数据处理目的主要是为了实现"产品所需、维护自身权益、履行法律义务"，笔者在《专业思考丨对〈网络安全法〉合法正当必要原则的再思考》一文中有详细论述。

1. 功能所需的含义

首先需要说明的是，此处的"功能"不是指《网络安全实践指南—移动互联网应用基本业务功能必要信息规范》《信息安全技术 个人信息安全规范》征求意见稿中的基础概念"基本业务功能"，如地图导航、网络约车、新闻资讯等，而是指网络运营者在与用户直接交互界面提供的功能，如新闻资讯类服务中，用户可以使用的新闻浏览、发表评论、追踪新闻热点等多个功能。

我们回归到网络运营者与用户之间的合同关系来重新认识这一问题。网络运营者与用户缔结合同关系时，上述两个规范中的"基本业务功能"则是合同标的，网络运营者在提供服务时，当然可以在一个入口集成多个标的，而标的不同对应的合同关系也不同，如一个App集成了即时通信和支付业务，则如果用户都使用了上述业务，那么网络运营者与用户分别缔结了《通信服务协议》和《非金融机构支付服务协议》，而这两个法律关系的地位是并列的，并不存在孰优孰劣、孰基本孰拓展的比较。

但是在每个单独的业务类型（合同标的）下则存在基本功能和增值功能的区分，而增值功能往往是能够直接体现网络运营者竞争力的功能。如同为信息发布功能，有的产品只提供最基本的图文发布，有的产品却在此基础上增加了"显示你的地理位置""圈人"等多个增值项，从而改善了用户体验。而本文所提到的基本功能和增值功能便是在这一逻辑基础上进行的区分。

其次需要说明的是，此处的"基本功能"和"增值功能"的区分需依据不同的网络服务性质进行判断。如欧州数据保护委员会（EDPB）第 2/2019 号指引《关于在向数据主体提供在线服务时依据 GDPR 第 6（1）（b）条规定处理个人数据（公开征求意见版）》（以下简称《第 2/2019 号指引》）中提到："个性化内容可能（但并不总是）构成某些在线服务的关键或可预期的元素，因此在某些情况下可以被视为履行与服务用户之间的合同所必要的数据处理行为。该等数据处理是否可以被视为某一在线服务的内在组成部分取决于该在线服务的性质、一般数据主体基于服务的条款及向用户推销服务的方式而产生的预期，以及是否可以不依赖个性化显示来提供服务。"如同样的新闻浏览服务，如果网络运营者是依据《互联网新闻信息服务管理规定》而提供互联网新闻信息采编发布服务（如新闻媒体），用户的期待以及该服务的自身定位主要是浏览、发布普遍采编的新闻信息，那么个性化内容展示很大程度上是增值功能（如果提供的话）；而对于新闻聚合、汇总服务，《第 2/2019 号指引》认为"用户选择的服务包括通过单个界面向用户提供来自多个在线资源的定制内容,出于内容传递的目的的个性化可以被视为是公司与用户间履行合同所客观必要的数据处理,因为该服务的功能直接与个性化内容相关联",那么个性化内容则很大程度上构成该服务的基本功能。

综上分析,本文的"基本功能"与 GDPR 的"合同之必要"内涵相似,而因"合同之必要"处理数据的,数据控制者仅需保障数据主体的"知情权"即可,因此笔者将满足基本功能而收集、使用个人信息的行为匹配了"默示同意",充分告知用户即可。

2. 其他目的的含义

(1) 技术所需。技术所需主要是指网络运营者为实现产品功能所必要的底层技术需求,例如上文提到的会话期间的输入 cookie、身份验证 cookie、多媒体内容播放器 cookie、负载平衡会话 cookie、自定义界面 cookie 等,如英国 ICO 网站弹出的 cookie 设置窗口,对于功能所需的技术类 cookie 并不让用户选择是否同意,而对于其他非技术目的和非基本功能的 cookie,则需要用户在一开始选择同意,否则不得存储和访问 cookie 信息。

(2) 自身权益。类似于 GDPR 中的"正当利益"概念,从防止权益减少角度看,主要涉及反欺诈、反作弊、保障网络信息安全的目的等。从增加权益角度看,主要包括个性化广告、电子营销等。如果上述处理行为是网络运营者向用户提供基本功能的延续,"如果企业已经与用户有实际的交易关系,或者与用户在达成交易的过程中,则企业可以适用本条所赋予的正当利益理由,通过软选入方式(soft opt-in)的方式,即用户默认同意的方式,向用户发送与其此前交易商品或服务相关的营销信息,直到用户行使拒绝权为止"。[1]但除此之外,其他目的建

---

[1] 王融:"《欧盟通用数据保护通用条例》:十个误解与争议丨网络法律评论",载腾讯研究院公众号,访问日期:2019 年 7 月 13 日。

议征得用户明示同意，如下图所示。

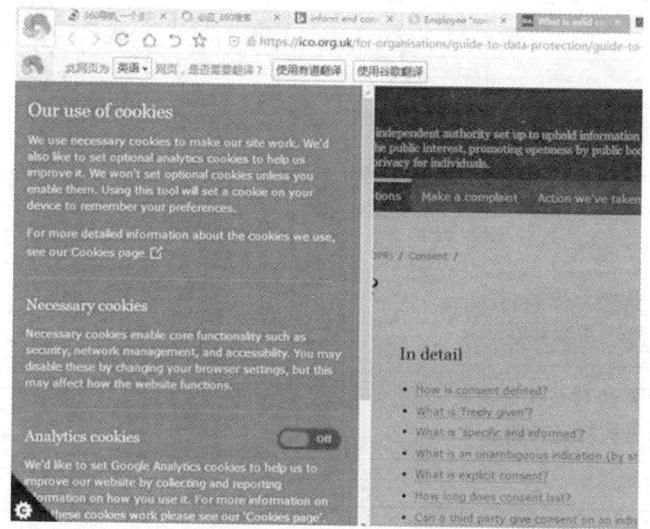

（3）履行法律义务。如果法律法规直接规定了网络运营者承担法律义务需收集的个人信息类型，那么网络运营者据此收集使用的个人信息类型，可直接作为"知情同意规则"的例外。如果法律未直接规定网络运营者承担法律义务时需收集的个人信息类型，而网络运营者为了履行上述义务，应向用户充分披露该义务所需要的个人信息类型，但因为该目的是法律规定的，所以也可以适用默示同意。

GDPR 中的履行法定义务之必要、执行公务职权之必要都可以被该目的所囊括，作为网络运营者一般情形下执行公务职权也都是有法律或规范性文件依据的。

（二）构建以目的为维度的权利体系

GDPR 规定的数据主体的权利是与数据控制者的合法性事由相匹配的，如下表所示：

合法性事由	撤回同意	知情权	访问权	更正权	删除权（被遗忘权）	限制处理权	可携权	反对权
同意	√	√	√	√	√	×	√	×
合同之必要	×	√	√	√	√	√	√	×
履行法定义务之必要	×	√	√	√	×	√	×	×
保护数据主体或其他自然人重要利益	×	√	√	√	√	√	×	×
执行公共利益任务或公务职权之必要	×	√	√	√	×	√	×	√
正当利益之必要	×	√	√	√	√	√	×	√

在我国法律语境下，无论是以何种目的收集、使用个人信息，用户都享有知情权、访问权、更正权、删除权。其他权利与目的的匹配设计如下图：

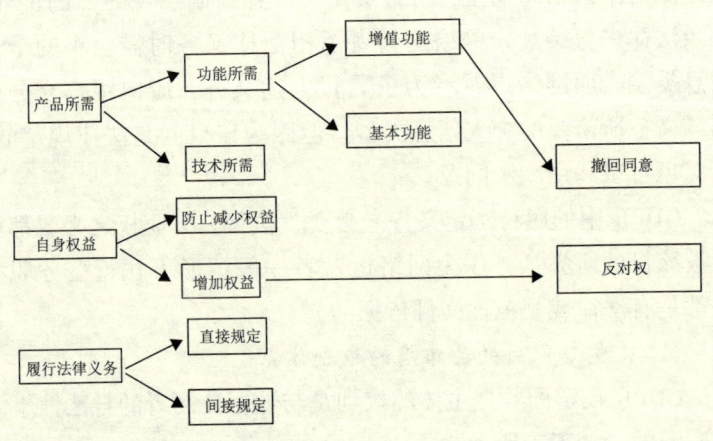

增值功能和增加权益应适用不同的权利，因为在"增加权益"这一事由中存在两种权利：一是网络运营者的权利，二是用户的个人信息权益，通常情况下用户可以反对基于"增加权益"的目的使用其个人数据，但如果网络运营者有令人信服的合法理由证明其正当利益、权利大于用户的权益且不会对用户权益造成严重损害的。如网络运营者推送的广告没有侵扰用户的生活或产品体验，所处理的个人信息无论是敏感度还是对用户的不利体验都较小。

平台责任

应用商店经营者较高注意义务辨析

李　帅　百度公司法务部高级经理

摘要：移动互联网时代，类似苹果 App Store 等应用商店承担分发 App 的重要角色，App 的新上线、更新发版，均需要通过应用商店实现。而在相对封闭的 IOS 系统中，更是仅有单一的手机厂商掌控的 App 分发渠道。应用商店经营者掌握的政策、标准，包括处理侵权投诉的尺度，必然会对开发者产生重要影响。如果单纯要求应用商店经营者对开发者可能的侵权行为负担较高的注意义务，将给整个移动生态中的各方参与者均带来较大压力。本文以苹果 App Store 近年的一些被诉案件为切入口展开论述，试图厘清何为应用商店经营者应当负担的合理注意义务。

2008 年 7 月 10 日，苹果公司正式推出了 iPhone 版的 App Store。一天后，第二代苹果手机 iPhone 3G 正式发布，预装了 App Store，但仅有 500 个应用。而到了 2017 年，App Store 的应用数量已经超过 210 万。截至 2017 年 6 月，App Store 为苹果公司带来的收益超过 700 亿美金。[1]

类似苹果 App Store、Google Play 这样的应用商店，是移动互联网时代最重要的产品创新，它将手机厂商、应用开发者和

---

〔1〕数据来源于 Wikipedia，载 https://en.wikipedia.org/wiki/App_Store_(iOS).

终端用户巧妙连接在一起,创造出一种全新生态。在超级 App——"微信"推出小程序之前,移动互联网领域一直没有出现可能撼动 App Store 地位的新商业模式。

App Store 的强大在于,它创造应用场景并定义规则,所有的 App 都要符合其技术要求和运营准则。App 类似于超市的货品,上架前必须要经过超市经营者即 App Store 的审查和同意,而且部分经营利润也要与 App Store 分成。这种强势的控制力,一方面保障了 IOS 系统的生态安全与标准统一,另一方面也可能会加重 App Store 自身的法律责任,也可能给整个 App Store 生态系统的玩家增添更多法律负担。

一、App Store 经营者应负担的注意义务程度——以作家杨治、中文在线诉苹果公司两案解读[1]

1. 作家杨治诉苹果公司案的司法认定

2018 年 6 月,北京知识产权法院对作家杨治诉苹果公司(Apple Inc.)侵害作品信息网络传播权一案(下称"杨治案")作出二审判决,维持一审关于苹果公司构成侵权的判决结果,驳回了苹果公司的上诉。

本案的事实非常简单。App Store 生态中的第三方应用开发者在 App Store 上传了 App"江南方想梦入作品全集",该 App 是一款直接提供电子书内容的 App,其中包含作家杨治的《九州缥缈录 I 蛮荒》等 6 部作品。杨治在未投诉要求苹果公司删除侵权应用的情况下,直接起诉苹果公司要求停止侵权及赔偿损失。

---

[1] 本文参考的案例包括,北京知识产权法院〔2017〕京 73 民终 1950 号判决书,北京市高级人民法院〔2013〕高民终字第 2079 号民事判决书,最高人民法院〔2015〕民申字第 1853 号民事裁定书,最高人民法院〔2015〕民申字第 2198 号裁定书。

苹果公司主张本案适用通知—删除的避风港规则，认为其已经尽到了合理的注意义务，不应当承担责任。而杨治认为："苹果 IOS 操作系统相对封闭，苹果公司通过一系列协议的签署，基本控制了该平台应用程序开发的方向及标准，其对平台商店有很强的控制管理能力，苹果公司存在过错，不应当适用避风港规则。"

一审法院认为："苹果公司是否应当对其签约许可开发应用程序的第三方开发商通过应用商店传播涉案作品的行为承担相应的法律责任，需要考虑苹果公司作为苹果应用商店的运营者，其对网络服务平台的控制力和管理能力。"而通过分析苹果公司的系列开发者协议，法院的结论是"苹果公司作为苹果应用商店的运营者，根据其自身规划的商业模式和运营政策及协议条款，对苹果应用商店网络服务平台及通过该平台传播的应用具有很强的控制力和管理能力，其不同于单纯提供信息存储空间服务的网络服务提供者。"正是基于"很强的控制力和管理能力"的结论，法院认为苹果公司应当知晓涉案的 App 未经著作权人许可，但未采取合理措施，具有主观过错，因此应当承担侵权责任。

二审法院与一审法院的思路基本一致，同样认为，根据苹果公司"自身规划的商业模式和运营政策及协议条款，对 App Store 网络服务平台具有很强的控制力和管理能力"。因此苹果公司具有较高的注意义务，不同于单纯提供信息存储空间服务的网络服务提供者。二审法院认可一审法院关于苹果公司在此种管理控制能力下应当知晓涉案 App 侵权但未采取合理措施的结论。

2. 中文在线诉苹果公司案的司法认定

实际上，杨治案更大程度上是一种遵循先例的判决，而非关于苹果 App Store 经营者注意义务认定的首案。在杨治案的二审判决书中，法院明确引用了北京市高级人民法院［2013］高民终字第 2079 号民事判决书（中文在线诉苹果公司），及最高人民法院［2015］民申字第 1853 号民事裁定书（阅读纪诉苹果公司）中的相关观点及结论。而根据公开可查询资料，关于苹果公司在 App Store 商业模式下应尽的注意义务，在［2015］民申字第 1853 号民事裁定书之外，最高人民法院还曾作出过［2015］民申字第 2198 号裁定，后者正是对中文在线诉苹果公司的再审裁定。不同的是，中文在线诉苹果公司案涉及的图书应用程序是付费 App，而阅读纪诉苹果公司案涉及的图书应用程序是免费 App。鉴于最高人民法院的分析路径及结论一致，本文选择介绍中文在线诉苹果公司案。

中文在线诉苹果公司案的案情与杨治案类似，App Store 生态下的第三方应用开发者将包括二月河先生的《康熙大帝》在内的多部知名作品融入"中国帝王传记系列"等 App 中，向公众提供付费下载服务。版权人中文在线公司在未投诉的情况下，直接起诉苹果公司，要求停止侵权并赔偿损失。

中文在线诉苹果公司案一审发生在 2012 年，由北京市第二中级人民法院审理。正是该案的一审判决，建立了 App Store 系列著作权纠纷案件的基本审理思路。一审法院在分析苹果公司是否应当承担责任时认为，首先应考察苹果公司对其网络平台的控制力和管理能力。通过分析《已注册的 Apple 开发商协议》和《IOS 开发商计划许可协议》等一系列协议，法院认为苹果公司对 App store 网络服务平台具有很强的控制能力和管理能力。其次，一审法院认为获取利益应与承担义务对等和一致，而 App Store 属于一个以收费为主的网络服务平台，苹果公司与应用开发者约定了 3∶7 的固定比例分成，可以合理推断其从运营中获取了可观的经济利益。因此，一审法院认定苹果公司提供涉案应用程序供用户付费下载的行为构成侵权。

北京市高级人民法院在二审中，纠正了一审关于涉案应用程序由苹果公司提供的错误表述，但基本认可一审的裁判思路和最终结论。二审法院从开发者协议入手，认为苹果公司对 App Store 具有较强的管控能力，并非简单提供存储空间。因为苹果公司控制了该平台上的应用程序开发的方向和标准，收费许可开发商使用其软件编写、测试，并对开发商发布的 App 进行符合其自身政策的挑选。而且，苹果公司直接从涉案 App 中获利，应当知道开发商侵权的事实。

苹果公司向最高人民法院申请再审。最高人民法院认为："一审、二审法院认定苹果公司对在应用程序商店上发布的应用程序采取了符合其自身政策需求的选择与挑选，无须受到第三方开发者的限制，具有很强的控制力和管理能力，与一般的信息存储空间网络服务存在差别，并无不妥。"苹果公司通过 App Store 获取利益和承担义务应具有对等性和一致性，苹果公司收取固定比例分成的行为也加重了其注意义务。作为图书类的应用程序，苹果公司在可以明显感知涉案应用程序为应用程序开发商未经许可提供的情况下，仍未采取合理措施，故可以认定苹果公司并未尽到上述注意义务，具有主观过错，其涉案行为构成侵权。最终，最高人民法院驳回了苹果公司的再审申请。

3. 两案解读

我国虽然不是判例法国家，但在复杂且新颖的互联网纠纷中，先例的作用一直非常明显。中文在线诉苹果公司案的一审发生在 2012 年，苹果公司一路败诉，直至最高人民法院，也为后续的系列案件败诉埋下了巨大隐患。

从案件本身来说，中文在线诉苹果公司案有其特殊性，即涉案应用程序是付费下载的图书 App，法院会当然地认为苹果公司具有较高的注意义务，所以败诉风险本身就很大。但对于苹果公司来说，更糟糕的是，App 是付费还是免费，并不是法院论证其注意义务高低的最主要考量因素。一审法院通过分析开发者协议，得出了苹果公司对 App Store 具有极强的管理能力和控制力的结论，叠加苹果公司在此案中站在"收费"的道德"洼地"，最终吃到了败诉的苦果。

但不得不说，2012 年的中文在线诉苹果公司案，由于当时刚刚处在移动互联网快速发展的初期，法院的判决，在互联网行业认知方面未必是足够先进的。比如，一二审法院均认为 App Store 是一个"以收费下载为主的网络服务平台"，但这并非客观事实。后期的杨治案，虽然发生在移动互联网更加发达，公众认知更加完整的时期，但由于因循先例的安全思维，使得此类案件的裁判思路和判决结果，均未发生实质性变化。

二、关于 App Store 经营者注意义务限度的问题分析

1. App Store 平台管理能力及控制力与注意义务的关系

"能力越大责任越大"是漫威漫画中蜘蛛侠的座右铭，同时也是一种被人类社会广泛认可的朴素道德。在中文在线诉苹果公司案与杨治案中，法院之所以认定苹果公司不同于信息存储空间服务提供者，应负担较高的注意义务，出发点就是苹果公司对 App Store 平台的应用程序具有极强的管理能力和控制力，大致也可以理解为"能力越大责任越大"。

但道德与法律和司法裁判之间还是需要一定的界限，毕竟法律仅是最低限度的道德。实操层面，道德法律化的难度也非常高。在《反不正当竞争法》的司法实践中，由于互联网不正当竞争案件长期缺乏成文规则，法院普遍将违反"公认商业道德"作为侵权成立与否的重要考量因素，但个案中对于什么是

互联网行业"公认商业道德"往往也是模糊的,甚至刻意回避。

若将互联网平台的控制力及管理能力,与其注意义务挂钩,虽然与公众朴素的道德感契合,但也可能产生负面影响。平台越是管理能力突出,生态越是健康,规则越是清晰、透明,反而可能在个案中被苛以更重的注意义务;而管理相对宽松的平台,规则相对模糊一些,不在用户协议等场景突出自身的管理职责,反而可能获得更大的法律空间。这种司法层面的反向激励,对于优质平台显然并不公平,甚至可能拉低行业的整体管理水平。

当然,控制力、管理能力也是可以分开看的。平台对于平台内容掌握更强的控制力,可以理解为其发现侵权内容的概率更高,可以作为平台是否"应知"侵权行为发生的考量因素之一。而平台拥有较高的管理能力,仅可以作为对平台管理水平的评价,不宜直接与其法律上的注意义务挂钩。

《最高人民法院关于审理侵害信息网络传播权民事纠纷案件适用法律若干问题的规定》,确实提到了网络服务提供者"应当具备的管理信息的能力",但仅将其作为人民法院认定网络服务提供者是否构成应知的一种考量因素,而非充分条件。

所以,将平台控制力和管理能力与其注意义务直接关联,尤其是将正向的平台管理能力与较高注意义务之间画等号,是值得商榷的。更理性的做法是,管理混乱的平台,不符合行业公认管理水平的互联网平台,反而应当承担更高的注意义务。因为此等平台发生侵权行为的风险更高,社会危害性更大。

2. App Store 与 "通知—删除" 规则

中文在线诉苹果公司案与杨治案,原告均未提前通知 App Store 的经营者苹果公司,而是直接提起侵权诉讼。法院之所以认定苹果公司构成帮助侵权,核心是认为,苹果公司不同于传统的信息存储空间服务，不适用通知—删除的避风港规则。

我国《侵权责任法》并未对通知—删除规则使用的网络服务类型作出明确限定。司法实践中，较为常见的适用场景包括信息存储空间、搜索、链接等网络技术服务类型，也包括更新颖的电子商务平台服务、搜索推广服务、智能信息推荐服务、程序化广告服务等。

从形式上看，App Store 这种网络服务类型也是一种典型的技术服务，应当适用通知—删除规则。一方面，苹果公司等应用商店经营者，为应用开发者提供平台和基础的技术架构、标准、规则，为用户提供下载 App 通道，并不直接控制 App 中的任何内容，对第三方应用开发者运营 App 的行为，以及对用户使用 App 的行为，均不做直接干涉。另一方面，App Store 上拥有百万量级的 App，每个 App 均可能不定时更新不同版本，如果按照出版商的标准对每个 App 进行审核，实际也并不现实。

从 App Store 生态的管理成本来看，如果赋予版权权利人不通知网络服务经营者即可以直接起诉并胜诉的权利，将会加大各方成本。对于权利人来说，径行起诉并不是及时制止侵权行为、防止侵权损失扩大的最快方式。对于 App Store 经营者而言，应对个案诉讼的成本更是非常高昂。

而通知—删除规则，并非仅仅是在单方保障网络服务提供者的生存空间，更会有社会效率方面的提升。权利人发出通知，App Store 经营者核实后及时删除侵权内容，对于制止侵权的效率最高。对于违法成本低而造成的重复侵权问题，也可以通过提升平台管理水平的方式解决。若平台内多次出现类似侵权内容，则 App Store 经营者的注意义务显然会提高，必然督促其提升自我管理能力，防止同类侵权行为的反复发生。

当然，App Store 平台所应适用的通知—删除规则，绝不应该是简单的产品下架,而是应当具体问题具体分析。如果是针对以侵权为目的的 App,则可以直接采取删除措施。而如果针对合法 App 中细微的侵权问题,应以转送通知、督促解决或提供联系方式为主,不宜直接下架被通知的 App。

3. 要求 App Store 经营者负担较高注意义务的负外部性

有在 App Store 平台上传 App 经验的应用开发者大多都有一些共识,即近年来 App Store 对于应用程序的审核越来越严格,App 过审越来越困难,一个 App 多次被驳回的情况屡见不鲜。

另一个现象是,第三方应用开发者在运营 App 的过程中,也需要不时处理一些转自 App Store 的侵权投诉。部分被投诉内容对于一个 App 来说,根本不是 App 名称、图标、整体架构(如图书类 App)那样显性的"侵权"内容,而是可以细化到 App 内部非常底层的某个栏目、某个网页的某张图片或某段文字,根本不在 App Store 经营者的管理范围内。这些本该由权利人与第三方应用开发者之间直接解决的法律纠纷,甚至第三方应用开发者自己本身就是网络技术服务提供者身份的情形,都被反复上升到 App Store 经营者的层面,交由其处理及裁判,以致简单的流程被严重复杂化。

上述现象,反馈出 App Store 经营者的愈发谨慎。这种谨慎其实很好理解,既然司法要求 App Store 经营者负担"较重注意义务",App Store 经营者自然需对上传到其平台的移动应用进行严格审核,否则可能面临更多讼累。而"权利人"发现 App Store 经营者的谨慎之后,必然会勤加利用,争取在应用商店下架 App,以达到对"侵权人"或"竞争对手"釜底抽薪的打击效果。如此一来,App Store 经营者必然更加忙碌,审核效率自然也会受到影响。

但这种谨慎做法及背后的原因,并不当然正确。App Store

经营者并不控制移动应用内层的具体内容，更不是法律裁判者，并不适合直接介入权利人与应用开发者之间的法律纠纷。而且这种谨慎，更容易被不当利用，成为竞争对手围猎 App 的一种方式，导致法律纠纷被堆积在 App Store 平台内部，反而不能通过正常途径得到快速解决。久而久之，由 App Store 经营者"较高注意义务"衍生出的问题，可能成为整个移动互联网生态不该且不能"承受之重"。

电商"二选一"非法性分析与规制路径展望

舒锐　法律评论作者、专栏作家

摘要：在电商们诸多方面的短兵相接中，有着"二选一"之争，一些电商要求入驻商家只能在该平台提供商品或服务，不得同时在其他平台经营，否则就将对其施行禁入或者限制。"二选一"是否构成垄断无疑是其中争论不休的话题。本文剖析了"二选一"的非法本质，并从《反垄断法》适用困境出发，提出《反垄断法》完善路径并探索其他规制途径的。

截至 2018 年底，我国网民数量达到 8.29 亿[1]，对社会发展产生了巨大的影响。中国的网民和互联网企业，不断尝试接受各种互联网应用服务和形式创新，形成了一个繁荣的网络市场。但是，在互联网推动经济发展的同时也出现了许多问题。互联网行业不公正交易行为频频出现，提醒着人们该行为存在以及其带来的危害。

一、"二选一"是非之争

互联网行业企业垄断行为即是互联网行业企业为自身利益造成或保护市场控制力而采取的行为，利用自身优势滥用市场支配地位对市场进行垄断等。特别是互联网行业的大企业利用

---

[1]《中国互联网发展报告（2019）》，载 https://news.znds.com/article/39223.html，访问日期：2020 年 3 月 1 日。

自己交易上的优越地位,已经成为事实上的垄断者。这些垄断者滥用垄断地位更是不公正交易行为的推手。

近年来,诸多电商平台蓬勃发展、百花齐放。客观上,日趋激烈的电商竞争,一方面起着大浪淘沙的作用,让不满足市场需求的电商平台逐渐被市场淘汰,实现优胜劣汰,而另一方面,电商之争也能够让普通消费者货比多家,买到性价比相对更高的商品。谁能够创造出最符合市场规律的规则,谁能够在最大程度上维护消费者权益,谁就能成为最终的胜者。

良性竞争将倒逼电商平台与商户共同反求诸己,电商不断完善规则,商户提供物美价廉的商品,电商市场将走向愈发良性的轨道,消费者在获益后激发购买需求,并将继续保持对电商购物模式的依赖。遗憾的是,在电商们诸多方面的短兵相接中,却有着"二选一"之争,一些电商要求入驻商家只能在该平台提供商品或服务,不得同时在其他平台经营,否则就将对其实施禁入或者限制。"二选一"是否构成垄断无疑是其中争论不休的话题。目前非常惹人关注的"二选一"行为比如某些电商平台要求签约商铺二选一,或者外卖平台要求签约饭店"二选一"……"二选一"一夜之间成为众矢之的。甚至连《人民日报》也在 2019 年 7 月 31 日专门对于"二选一"进行了批评,认为其"既限制了消费者选择权,也影响了市场充分竞争和企业正常发展"。[1]

而 2019 年 9 月 6 日,在杭州召开的首届互联网法治论坛上,互联网领域的多个热门话题成为百余位法学专家、学者、产业界代表的研讨对象。在论坛上,多位法学专家就如何规制"二选一"提出了自己的看法。不少专家认为"二选一"是强制交

---

[1] 侯利阳:"如何正确面对电商行业的'二选一'",载《检察风云》2020 年第 2 期,第 28~29 页。

易,目的是排除竞争对手,这与《反垄断法》有较大的相关性。但竞争法学界亦有专家认为,考虑到界定市场和认定市场支配地位的专业问题,适用《反垄断法》有难度,因此建议"再等一等,看一看","让子弹再飞一会"。[1]

除了适用《反垄断法》有难度外,"二选一"亦不乏支持者,有观点认为:"电商交易是核心数据,在人工智能和大数据时代,研究价值极大,如果放任不管,让其在主要竞争对手的平台同时开店,那数据的保密性谁来保证,大商家在体验到不同平台运营的具体差异及规则,就会直接影响小商家。""平台花了巨大资源培育了线上品牌,品牌长大了却被别的平台导流。"[2]

所谓电商"二选一",是指一些电商要求入驻商家只能在该平台提供商品或服务,不得同时在其他平台经营。"独此一家"的供货要求显然是一种排除、限制竞争的行为,这在客观上也是一种垄断行为。遗憾的是,当前《反垄断法》规定,具有市场支配地位的经营者,不得滥用市场支配地位,排除、限制竞争。"具有市场支配地位"是认定垄断的必要构成要件。这使得在学界上和实践中,对于"二选一"是否就是在搞垄断,是否应当因垄断而受到禁止与惩罚,存在一定争议。

不得不说,在合理性的角度上,"二选一"实质上是某些电商短视的非正当竞争手段。首先,"二选一"在理念上,把电商竞争误判成了零和博弈。在这些电商眼中,其他电商的发展、收益就必然意味着己方的损失。实际上,他们已经失去了与其他电商通过良性竞争各自发展、各自安好,一同把电商这块

---

[1] "首届互联网法治论坛开幕,专家呼吁规制电商'二选一'不能'再等等'",载 http://www.legaldaily.com.cn/IT/content/2019-09/10/content_7990197.htm,访问日期:2020年3月1日。

[2] 宋阳进:"'二选一'背后的理法权衡",载《宁波经济(财经视点)》2020年第1期,第41页。

"蛋糕"共同做大的勇气。在竞争底气上,早已先输了一城。而在消费者眼中,如此霸权行为更是诟病已久。

其次,"二选一"让商家无所适从,正常的经营行为也将受到冲击。而商家屈服于"二选一"的恶性竞争所导致的流量以及销售量的损失只能转嫁到消费者身上。当电商失去了价格高低以及透明度上的优势,整个行业终将共同承担恶性竞争的恶果,电商行业终将沦为弱肉强食、不讲规则的黑暗丛林。

二、"二选一"本质为非法垄断行为

或许有人要说,选择哪家商家入驻,这本是电商应有的自由选择权,电商要求商家"独家经营",这也是一种经营策略,何错之有?实则不然,这些电商往往凭借着自身技术、用户数量、行业控制力等优势因素,逼迫商家签订城下之盟。毕竟,若是这家电商没有这些优势,恐怕也没有哪个商家会甘愿就范。这就使得电商"二选一"在天然上有着违法之嫌。

事实上,电商"二选一"已经涉及多重违法侵权。首先,这种经营模式直接侵犯了入驻商家在其他平台上自由发展的经营自主权。其次,消费者若是只能在一家电商平台上选择商品,就失去了在不同平台上对比选择的机会。可以说,电商"二选一"也在间接上侵犯了《消费者权益保护法》赋予消费者的选择权和公平交易权。

市场经济最基本的原则就是竞争。"二选一"在本质上,是在关闭电商之间的竞争渠道,带来的社会后果将是电商市场运行秩序的混乱。我国《反垄断法》明确规定,具有市场支配地位的经营者,不得滥用市场支配地位,排除、限制竞争。《电子商务法》亦规定,电子商务经营者……不得滥用市场支配地位,排除、限制竞争。

遗憾的是，相关规定过于原则，相关排他性行为是否严重到违反《反垄断法》以及《电子商务法》的程度，还取决于行为人是否具有市场支配地位。而市场支配地位的界定、市场范围的选取、市场份额的计算则尤为复杂且标准难以统一。这就使得相关规定犹如屠龙之术，想要用之规制为各界诟病已久的"二选一"，显得有些心有余而力不足。

而从合法性的角度上，正如，曾任最高人民法院大法官的胡云腾在第18期"案例大讲坛"上指出的，某些电商主体利用自身优势地位，滥用市场优势力量，强迫商家进行"二选一"的案例，此类行为有违公平竞争的市场经济理念，需要通过裁判予以规范，维护公平竞争的基本原则。"二选一"不仅涉嫌侵犯入驻商家在其他平台上自由发展的经营自主权，涉嫌侵犯消费者的选择权和公平交易权，更涉嫌违反《反垄断法》《电子商务法》中的禁止性规定。

如果说，电商之间的良性竞争在本质上，是规则合理性之争、商品性价之争、消费者权益保护之争。"二选一"之争则是正义与非正义之争。期待有更多商家能够在这场战争中，勇敢地站在正义一方，勇敢说不，更期待执法部门与司法机关能够通过典型案例，维护法律尊严与市场秩序，让非正义的电商付出应有代价，让电商们通过良性竞争不断创新规则，增强满足、刺激市场需求的能力，真正实现"天下没有难做的生意"，让消费者共享竞争所带来的市场红利。而与此同时，也有必要不断完善相关的法律规制手段。

三、完善《反垄断法》层面上的规制

正如有学者认为，《反垄断法》主要适合用来处理那些大企业实施的"二选一"，或者行为人未必具有很强的市场力量但

"二选一"普遍存在的情形。前者主要依靠滥用市场支配地位制度,后者还可适用垄断协议制度。实务界与学界目前对"二选一"的反垄断分析,主要集中在滥用市场支配地位方面,而市场支配地位的认定较为复杂,互联网领域难度更大,在民事诉讼中还取决于证据情况,所以笼统地问"二选一"是否违反《反垄断法》,很难有明确的答案。[1]

在法治国家中,所有执法都需要以法条与学理为支撑。学界的争议造成了实务上的尴尬境地。明明大家都知道"二选一"具有垄断性质,其结果也必将最终导致垄断。"二选一"不仅在冲击良性的市场竞争规则,更将严重损害其他平台、入驻商家及消费者的实质利益。最简单的道理莫过于,若是提出相关霸王条款要求的电商并不拥有强势地位,商家自然不会与其签订城下之盟。但法律却对"二选一"束手无策。

在实践中,我们并没有看到有电商因为强制要求入驻商家"二选一"而受到反垄断层面上的认定与惩罚。不得不说,如何"界定市场和认定市场支配地位"已然成了电商反垄断领域的阿喀琉斯之踵。《反垄断法》在反垄断上裹足不前、难有作为,只能眼睁睁看着强势的实际垄断者以自己不具备市场支配地位为由逍遥法外。为了让法律不再成为无法适用的废纸,在反垄断领域,对于如何"界定市场和认定市场支配地位"应早日形成立法层面上的明确规则

一般认为,在认定了"相关市场"后,人们才可对市场支配地位进行分析。不少人认为,在认定"相关市场"时,主要看市场份额状况。但事实上,根据《反垄断法》的规定,市场份额虽然重要,但绝非唯一判定指标。要判定市场支配地位,

---

[1] 焦海涛:"电商平台'二选一'的法律适用与分析方法",载《中国应用法学》2020年第1期,第49~62页。

除了要看份额，还要综合考虑市场壁垒、市场进入动态、涉案主体对于资源的掌握状况等因素。这里需要强调的是，相较于传统经济条件，电商平台条件下的市场份额与市场支配地位的关联程度要低得多，因此在认定平台的市场支配地位时，很有必要参考市场份额之外的其他指标。

法律是立法者基于一定的时代背景为人们设定的行为规则。事实上，每部法律从出台那天起就意味着它将走向过时。对于《反垄断法》而言，或许更加如此。现行《反垄断法》出台于2008年，当时我国的互联网经济发展还未达到今日的阶段。立法者难以预见到互联网将如同现在这般逐步渗入到社会生活的方方面面，各大电商平台带来的辐射将无处不在，并未充分考虑到互联网将给时代带来的变迁，更未针对网络生态的特性给出有针对性的反垄断规制。

传统反垄断理论对于行业中发生的一些具体竞争现象存在解释力的不足，同时传统的反垄断分析方法在互联网行业的适用也面临诸多挑战。上述问题出现的原因在于对互联网行业竞争的认识存在偏差，同时，传统的反垄断理论本身也存在一定的局限性。采用双边市场模式并提供免费服务是互联网行业的两大突出特点。双边市场是指能够让两边或多边的参与者之间直接互动，且每个参与者都与其他参与者具有紧密联系的市场，可以根据"供需两分法"对其进行分类。免费服务模式具体则可以细分为互补增值模式、替代增值模式和价值再造模式。互联网行业竞争体现出用户竞争、跨界竞争和创新竞争三个特点，数据对这三个行业竞争特点的形成都具有重要的作用。亦有学者提出，需结合滥用相对优势地位行为性质和我国竞争法体系现状，提出将滥用相对优势地位行为纳入我国竞争法体系加以规制的建议。

对此，近日，国家市场监督管理总局发布《〈反垄断法〉修订草案（公开征求意见稿）》（以下简称征求意见稿），面向社会征求意见。与现行《反垄断法》相比，征求意见稿新增条款，明确认定互联网领域经营者具有市场支配地位还应当考虑网络效应、规模经济、锁定效应、掌握和处理相关数据的能力等因素。

有观点认为，在《反垄断法》中，"二选一"可能构成纵向垄断协议或滥用市场支配地位行为。不过，我国《反垄断法》规定纵向垄断协议时只列举了价格协议，而"二选一"是否为价格协议，规范依据不太明确，法律适用的可能性较低。[1]

实际上，《反垄断法》第14条规定："禁止经营者与交易相对人达成下列垄断协议：（一）固定向第三人转售商品的价格；（二）限定向第三人转售商品的最低价格；（三）国务院反垄断执法机构认定的其他垄断协议。"可见除了前两项纵向垄断协议外，国务院反垄断执法机构认定的其他垄断协议亦为禁止范畴。其实，在2015年10月颁布的《网络商品和服务集中促销活动管理暂行条例》中已明确提出，禁止网络集中促销组织者限制、排斥平台内的促销经营者参加其他第三方交易平台组织的促销活动。

此前我国并没有完整、统一的反垄断执法机构，反垄断的执行是由三个不同的国家机构分别承担的。这种多方执法并不利于《反垄断法》的实施。正如中国美国商会主席詹姆斯·吉莫曼所言："如何确保三个不同的执法机构之间协调一致，将是中国反垄断委员会面临的最大挑战。"为了更好地实施《反垄断法》，建立一个独立的反垄断执法部门来保证处理反垄断案件的

---

[1] 焦海涛："电商平台'二选一'的法律适用与分析方法"，载《中国应用法学》2020年第1期，第49~62页。

效率和统一性迫在眉睫。随着国家市场监督管理总局的反垄断局的设立，这一问题有所缓解。现代反垄断法律的重要特征之一就是走向程序化，反垄断的核心不再是立法问题，而是执法问题。对反垄断程序规则的研究应成为今后《反垄断法》实施的重点，也是互联网产业垄断行为矫正的途径。总而言之，我国在互联网不公正交易反垄断执法方面还有很长的路要走。我国执法机关要合理执法，在《反垄断法》的引导下督促互联网行业的健康发展。

四、开拓《反垄断法》之外的法律规则

互联网行业属于天然具备垄断的趋势。网络有规模经济效应，一种网络产品对用户的效用随着使用该产品或可兼容产品的用户数量增加而增大。同时，人们一旦选择某个网络平台，即便最初的选择并不是最好的，也容易形成潜移默化的依赖，为了不付出改变成本，形成锁定效应。而当规模达到一定量级，边际成本几乎为零。这就使得在互联网行业中，占据市场份额的冲动是基因使然。强者越强、弱者恒弱、赢者通吃，垄断将成为竞争过后的必然。

当略显羸弱的网络反垄断机制遇到日趋集中、愈趋强势的各大行业巨头，互联网垄断自然要无处安放。这也难怪虽然近年来，互联网领域的垄断纠纷不断，各方对于电商"二选一"、大数据杀熟、平台算法合谋、数据垄断等问题，一直争论不休。但至今尚未有一家互联网企业因垄断遭到行政处罚。同时，在民事诉讼层面，原告也总是因为无法证明被告具有市场支配地位而败诉。

从法律实施现状来看，执法与司法并没有确认出任何一家互联网企业存在垄断。我们似乎要得出一个尴尬的论断："中国

互联网行业并不存在垄断。"这显然和互联网趋向垄断的本质以及我们的日常感受大相径庭。

我国《反不正当竞争法》第 12 条将利用网络从事生产经营活动的经营者，所实施的妨碍、破坏其他经营者合法提供网络产品或者服务正常运行的行为定性为不正当竞争行为并予以法律规制。在"二选一"行为中，电商平台要求商家不在其他平台上经营，本就是一种妨碍、破坏其他平台经营者向公众、向商家提供在线服务的机会，是一种不正当竞争行为。

我们也须看到，"二选一"的违法性并不局限于反垄断领域。2019 年 1 月 1 日实施的《电子商务法》规定，电商经营者不得利用服务协议、交易规则以及技术等手段，对平台内经营者在平台内的交易、交易价格以及与其他经营者的交易等进行不合理限制或者附加不合理条件。2019 年 8 月 1 日出台的《国务院办公厅关于促进平台经济规范健康发展的指导意见》要求，"严禁平台单边签订排他性服务提供合同，保障平台经济相关市场主体公平参与市场竞争"。"二选一"更因侵害消费者利益，触犯到《消费者权益保护法》上的诸多法条。

此外，虽然《电子商务法》第 35 条在立法上规定，将会对电子商务平台经营者利用服务协议、交易规则等其他手段实施的不合理行为进行规制，但是对于"不合理"的界定并不明确，将会导致在具体的法律适用过程中产生问题。其次，在电商平台竞争初期，电商平台实施"二选一"行为的通知会以邮件、传真等较为正式的形式传达，发展至今，这些指令早已转由电商平台关联的通信软件或通话的形式下达，以及电商平台通常会选择运用流量屏蔽和搜索降权等多种隐藏的方式对商家实施强迫其"二选一"的行为，因此，如何收取平台强制商家"二选一"的证据将会成为运用法律规制该行为的又一大阻碍。有必要将该领域的举证责任分配给采取"二选一"的平台,由其证明合理性与合法性。

可见,在《反垄断法》真正具备牙齿之前,打击"二选一"也并非无法可依。如果说,电商之间的良性竞争在本质上,是规则合理性之争、商品性价之争、消费者权益保护之争。"二选一"之争则是正义与非正义之争、合法与非法之争。当前,禁止"二选一"不妨绕过《反垄断法》上的争议。各方无须坐等,有必要以现有法律为武器,执法者严格执法,权益受损者依法维权,形成合力,实现对"二选一"不法行为的严厉规制。

司法需要对于"二选一"的霸权行为更有作为。一方面,对于能够确认拥有市场主体地位的行为人,则通过《反垄断法》予以调整。另一方面,对于电商强迫商家签订的"二选一"合作合同,也有必要确认该合同无效,让商家不必为霸王条款承担不公平的违约责任。

当然,司法毕竟只是社会正义的最后一道防线,具有滞后性。要在根本上取缔"二选一"这种对市场与消费者有百害无一利的不正当竞争行为,还须由法律作出更为明确的强制性规定。值得欣慰的是,2018 年 6 月初,国务院八部委局办联合制定的《2018 网络市场监管专项行动(网剑行动)方案》提出"从严处罚限制、排斥平台内的网络集中促销经营者参与其他第三方交易平台组织的促销活动等行为",其中并未严格限定平台的优势地位前提。

只有让市场主体在市场中有序竞争,才能倒逼经营者争相向消费者提供更好的服务与商品。期待这种具有进步意义、切实维护市场秩序的法治精神能够早日写进法律,让执法与司法在打击"二选一"的不当行为中更加于法有据,更加能够有所作为。唯此,市场才能得以荡清,消费者权益的实现才能更加可期。

知识产权

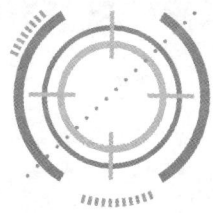

从数字音乐转让技术的发展看著作权法权利穷竭原则的适用

陶　乾　中国政法大学法律硕士学院副教授，中国政法大学知识产权创新与竞争研究中心主任[*]

摘要： 随着数字化技术的飞速发展，音乐市场的商业模式不断创新。美国亚马逊公司和苹果公司分别成功开发了允许用户转售"二手"数字音乐的技术，使得无形的数字音乐专辑能够发生与有形唱片一样的转让效果，除非著作权人明确排除并限制这种效果。基于此，合法购买了数字专辑的人可以根据著作权法下的权利穷竭原则转售该数字专辑，但需要将该专辑文件从其存储介质里彻底删除。权利穷竭原则应当突破其仅可适用于著作权人在作品有形载体上的发行权的限制，伴随技术的进步，在无形载体网络交易能够产生与有形载体相同的转让效果的情形下，将其扩大适用于无形载体的信息网络传播权。

一、数字音乐转让技术的发展

1. 数字音乐转让技术的产生

电子书、数字音乐、图像、视频电影、计算机软件、网络游戏等数字内容，属于具有财产价值的虚拟财产，因所承载的

---

[*] 本文为北京社会科学基金一般项目（17FXB014）研究成果。

内容具有价值而成了转让的对象。在数字音乐购买逐渐流行并且可能成为未来数字版权产业发展的主流之后，聪明的技术开发者开始思考如何让互联网线上无形商品交易能产生与实体商品消费同样的效果。在此背景之下，高科技公司研发了数字出版物的二次交易技术及相关配套技术，亚马逊公司和苹果公司购买了这类技术并且在美国专利商标局[1]申请了专利，亚马逊公司的专利名称为"数字化客体的二级市场"（Secondary Market for Digital Objects），专利号为 US8364595，申请日期为 2009 年 5 月 5 日，于 2013 年 1 月 29 日被授予专利权。随后，苹果公司也递交了专利申请，专利名称为"对数字内容获取的管理"（Managing Access to Digital Content Items），专利申请号为 20130060615，申请日期为 2011 年 9 月 6 日，技术公开日期为 2013 年 3 月 7 日。苹果公司在后申请的技术所包含的功能和技术要素相比于亚马逊公司已经获得的专利而言，更加丰富多样。

上述技术集合了个性化数据存储、数字内容采集、二手数字音乐发布与挑选、二手数字商品的转移与删除等多项功能，使得在亚马逊网站或客户端上购买了数字音乐的消费者能够将其音乐进行转售、出租、赠与、借用、互换，该技术为这种二次交易提供了一体化的便利。根据亚马逊公司的专利说明书上的介绍，该技术的基本运行原理是，网络用户通过合法来源获取了数字内容之后，可将其存储在个人的数据存储柜中，该存储柜与用户的个人账号关联，用户可以通过不同的电子设备随时在线访问其存储的数字内容或将数字内容下载到本地存储设备中；用户发出将某数字内容从个人存储柜转移到与别的用户账号所关联的另一个存储柜的指令，进而该数字内容可供另一

---

[1] 美国专利商标局：英文为 United States Patent and Trademark Office，简称 USPTO。

个用户访问；在符合一条或多条预定规则的条件下，第二个存储柜中出现授权转让的数字内容，但同时第一个存储柜中的该数字内容会被自动删除。任何用户可以在其登录后的个人界面中列出其合法持有的拟交易的数字内容，也可以发布其想购买的二手数字内容，比如整张专辑或单首音乐。当某用户发布了其拟交易的数字内容后，其他用户可以通过网站或应用商店主页上的查找功能，找出该交易客体，并要求系统向卖方发出要约。经卖方承诺该交易后，发生交易对象从卖方流转至买方的效果，根据卖方预设的交易条件或根据交易对象的原始著作权人的预设条件，买方可以在线访问、将数字文件下载到本地磁盘，或者从一个本地磁盘转移到另一个本地磁盘。

2. 商业实践中的数字音乐转让

在数字音乐领域，国外已经产生了专门的音乐交易平台。早在2008年，美国二手数字音乐交易网站 Bopaboo 曾试运行，网站要求用户保证自己所上传的文件是通过合法渠道获取的，并且保证在上传到网站上之后，自行删除电脑中的该音乐文件。Bopaboo 网站的技术能够防止同一个音乐文件被多次上传。随着技术的进步，专门的软件被应用到二手数字商品的销售中。Ridigi 网站是专门的二手数字音乐交易网站。Ridigi 网站要求用户欲转售的数字音乐是从苹果公司 iTunes 上购买的音乐。二手数字音乐交易双方均需要下载一款音乐管理软件，卖方将欲售音乐上传到管理软件的"云存储空间"中，这个"云存储空间"实质上就是 Ridigi 公司的服务器里的一个硬盘区域。当有买方支付对价购买该音乐时，管理软件会扫描卖方的计算机硬盘并将该音乐复制件自动删除，这项技术被称为"发送即删除"技术。受让方就可以通过他的音乐管理软件来下载和播放其买到的音乐了。

在我国,一些大型的互联网音乐平台已经成功地转变为付费模式。虽然尚无像 Ridigi 这样的二手数字音乐交易平台,但是中国一些互联网企业已经在试水数字音乐收费下载和转赠模式。以腾讯音乐为例,在 QQ 音乐终端的数字专辑销售中,给出的购买说明是:数字音乐专辑是一种新型的音乐专辑发行模式,它的制作、发行、消费都只是依托互联网完成。以苏打绿创作的《空气中的视听与幻觉》数字音乐专辑为例,用户通过 QQ 音乐客户端成功支付 20 元之后,获得了腾讯公司称作的"专属专辑铭牌",即一个几位数字组成的编号。然后,购买人可以将该专属专辑通过 QQ、微信、朋友圈、新浪微博的方式直接"赠送"给好友,但只能赠送一次,即如果该专属专辑在朋友圈中被一次点击打开后,其他人点击时会提示"哎呀,来晚了,已经被人抢走了"。也可以选择自己拆开专辑,但选择拆开的话,会出现一个提醒"你确定要拆封专辑编号:No. ××××××的专辑礼盒吗?拆封后无法赠送好友",点击拆封,即可在线播放专辑里的音乐或者将专辑中的音乐文件下载到计算机、平板、手机等本地磁盘中。利用 QQ 播放器,虽然可以收听和下载,但是"点击分享"按钮不能使用。

二、购买数字音乐行为产生的法律效果

1. 数字音乐的商品交易

就知识产权产品的交易而言,从理论上讲包括以知识产权本身为交易内容的法律关系和以知识产权载体为交易内容的法律关系。如果是前者,在交易主体之间形成的是就知识产权这种无形财产权的许可与被许可关系;如果是后者,又分为两种情形:一种是以某种载体形式存在的作品或作品复制件的所有权转移为基础的买卖关系;另一种是以特定的知识产权载体的

使用权授权为基础的法律关系,这更像是出租。数字音乐的购买能否产生法律意义上的载体所有权转移效果是判断著作权发行权权利用尽规则适用的前提。

首先,数字音乐的转让是可以以商品交易的形式进行的。音乐光盘的载体是 CD 光盘,数字音乐的载体是存储介质。虽载体不同,但从内容上看,数字专辑与音乐光盘没有差别,这就像纸质书与电子书、存储在 CD 光盘里的软件与通过互联网下载的软件一样。数字专辑的交易不是以著作权为交易客体的交易,而仅仅是载体的交易。数字音乐专辑,事实上与网络游戏装备一样,因书中所承载的内容具有价值而成了交易的对象。所以,如果我们承认虚拟财产的可转让性,那么就应该承认以数字音乐、电子书等为代表的这类数字化商品的可转让性。购买了一张音乐光盘之后,这本音乐光盘成了持有人的财产;而购买了一本数字专辑之后,这张数字专辑即是购买人的虚拟财产,对其的占有并非通过物理意义上的持有,而是通过账户名称和密码的形式在存储设备上的可获取权来实现实际占有的效果。所以,数字化商品是可以依所有权转移的原理来转让的。当音乐数字专辑作为商品进行交易时,与音乐光盘相比,它的特殊性在于,数字化内容的传递过程是一种复制,不以载体的传递为必要,通过互联网技术、蓝牙技术、存储媒介、信息软件技术等,数字专辑可发生脱离于原载体的效果,并同时依附于新载体形成复制件。所以,数字化内容交易与有形商品交易的本质都是作品复制件的交易。只是,这一复制的过程,不再是由获得著作权授权的出版发行商来复制,而是通过信息技术由网络用户从那些获得了作者著作财产权授权的数字音乐平台的服务器中来复制。

合法持有数字音乐专辑的主体在音乐交易平台向不特定人

发出要约,在收到金钱等对价后,通过互联网向交易相对人提供数字出版物复制件,"这是做出转让合法复制件所有权的意思表示"[1]。不管是发行出版商复制作品然后一件一件地分销到每个消费者手中,还是平台商拥有数字化作品复制件、然后让网络用户一个一个地复制到自己的硬盘中,虽复制的主体不同,可是产生的效果是一样的,即交易一方获得了经济利益,交易相对方永久性地获得了作品的复制件。而这正是买卖法律关系所实现的效果,"与现实生活中实体作品的发行行为并无本质区别,只是该过程更加简便、快捷,因为省去了机器制作、人员配发、运输送达等环节,直接在网上自动完成"[2]。

与数字音乐的转让类似,软件也会发生转让的效果。欧盟法院在其审理的"甲骨文公司诉用软公司案"[3]中认为,"销售是指合同一方收到合同相对方的付款,将属于他的一项有形或无形财产的所有权转让给另一方。若著作权人给用户提供的软件复制件,不管是有形的方式提供还是无形的方式提供,且与用户之间的软件许可协议中写明给用户的是无限期的使用权的话,用户进行了付款,那么该交易的性质是著作权人向用户出售软件复制件,结果是软件复制件所有权的转移"。所以,应对"销售"作出广义解释,包括各种的作品销售形式,只要允许买方无限期地使用计算机程序复制件,用以换取与其作品经济价值相称的回报,这种行为就是销售行为。此外,在荷兰的

---

[1] 何怀文:"二手数字出版物与发行权用尽——兼评美国'ReDigi案'与欧盟'UsedSoft案'",载《出版发行研究》2013年第6期,第97页。

[2] 何炼红、邓欣欣:"数字作品转售行为的著作权法规制——兼论数字发行权有限用尽原则的确立",载《法商研究》2014年第5期,第24页。

[3] *Used Soft Gmb H v. Oracle International Corp.* EU Court of Justice Case C-128/11.

Tom Kabinet 二手电子书交易案[1]中,一审法院也认为"电子书的所有者支付了一定的价款,获得了无限次使用该电子书的权利,这反映着该作品复印件的经济价值。所以,二手电子书是可以转售的"[2]。

2. 判断是许可还是买卖的考量因素

数字化内容的购买虽然可以产生类似于所有权转移的法律效果,但并不是说,所有的音乐数字专辑出售均是权利人以买卖的方式来处分作品复制件。因为,也有可能是在不转移作品复制件所有权的情形下,许可另一方使用该作品复制件。至于怎么去判断交易向对方得到的是复制件的所有权还是复制件的许可使用权,可以参考美国第九巡回法院在 Vernor v. Autodesk[3]案中的判决。该案参考了几个在先判例,最早的是 1977 年的 United States v. Wise 案[4],另外三个是关于计算机软件著作权侵权的系列案,合称为"MAI trio"案[5],最后的判决中所确定的考量因素值得我们借鉴,"第一,考虑著作权人是否明确表示出软件使用人获得的是一项许可(而非所有权);第二,考虑著作

---

[1] Tom Kabinet 公司经营一个销售二手电子书的网站,电子书的持有者可以在这个网站上出售二手电子书。荷兰出版者协会认为:电子书是无形的商品,因此不能转售。要求 Tom Kabinet 的网站停止为二手电子书销售提供便利的行为。一审法院认定 Tom Kabinet 公司胜诉。但荷兰上诉法院在其 2015 年 1 月 20 日的判决中,还是责令网站关闭,因为网站会为非法获取的电子书销售提供渠道,一旦该网站能够找到防止此情况发生的办法,那么网站可以请求法院允许其继续运营。

[2] *Nederlandse Uitgeversverbond and Groep Algemene Uitgevers v. Tom Kabinet Internet B. V.*, C/13/567567/KG ZA 14-795 (Amsterdam).

[3] *Vernor v. Autodesk Inc.*, 621 F. 3d 1102(9th Cir. 2010), cert. denied, 132 S. Ct. 105(U. S. 2011).

[4] 第一个是 United States v. Wise, 550 F. 2d 1180 (9th Cir. 1977).

[5] *MAI Sys. Corp. v. Peak Computer, Inc.*, 991 F. 2d 511(9th Cir. 1993); *Triad Sys. Corp. v. Se. Express Co.*, 64 F. 3d 1330(9th Cir. 1995); *Wall Data, Inc. v. Los Angeles County Sheriff's Dep't*, 447 F. 3d 769 (9th Cir. 2006).

人是否在很大程度上限制了使用人转让软件的能力；第三，考虑著作权人是否施加了显著的使用限制"[1]，若这三个问题的回答都是肯定的，那么，该软件交易是复制件的许可使用，而不是复制件的所有权转移。在美国的 Ridigi 案[2]中，Ridigi 网站上用户交易的数字音乐是从苹果公司 iTunes 上购买的音乐，从 iTunes 的用户协议上，并没有专门的条款规定说用户获得的仅仅是许可，相反，协议中反复将音乐的购买称为买卖，并且规定，被下载文件的所有权通过电子网络转移到购买人手中，协议未明示禁止转售。因此，除非在用户使用协议中特别说明是许可并采取技术保护措施对转售加以限制的情况下，数字化商品的销售可以产生所有权转移的法律效果。

三、权利穷竭原则在数字音乐转让情形下的适用

基于上文的分析，在音乐平台与网络用户之间的音乐专辑购买行为，除非平台明确表明是许可关系并采取技术保护措施对转让加以限制的情况下，可以产生数字专辑所有权转移的效果。那么，在音乐的购买者转售或赠与其所购音乐的情形下，能否适用著作权法上的权利穷竭原则呢？

1. 权利穷竭原则的适用基础

著作权人排他性地享有以出售、赠与等所有权转移的方式向公众提供作品的原件或复制件的权利，这被称为著作权人的发行权。著作权可以独立于载体，但如果著作权在经权利人同意之后，被商业性开发，知识产权产品投入到市场以后，著作

---

[1] 英文原文是："First, we consider whether the copyright owner specifies that a user is granted a license. Second, we consider whether the copyright owner significantly restricts the user's ability to transfer the software. Finally, we consider whether the copyright owner imposes notable use restrictions."

[2] Capitol Records, LLC v. ReDigi Inc, 934 F. SUPP. 2D 640 (S. D. N. Y. 2013).

权是以载体形式体现的,与载体密不可分,构成了具有财产价值的商品。所以,当该商品被以合法方式首次投入到市场之后,著作权人就失去了控制该商品进一步流转的权利,这就是著作权法上的发行权一次用尽原则,大陆法系国家又称其为权利穷竭原则,在英美法系国家被称为首次销售原则。该原则的创设"使得版权作品的二手市场、租赁市场以及图书馆公共借阅场所得以建立,也即在不损害版权人利益的前提下,使得公众得以低廉的成本获取知识和信息"[1]。

权利穷竭原则在适用时,所针对的是著作权人的发行权。要求该特定的作品复制件是经著作权人许可而被复制的,并且是经著作权人同意而发生的所有权转移[2]。所以,合法持有该复制件的人可以将其进行转售,但转售权不适用于复制件的持有人未获得该特定复制件的所有权的情形。也就是说,如果数字商品的购买者仅仅是在通过支付对价获得被许可使用权的情形,那么权利穷竭原则毋庸置疑的不得适用。

2. 权利穷竭原则在数字商品销售时的适用条件

权利穷竭原则适用的对象是,作品的某个特定的复制件。比如,一本承载文字作品的书,一张承载音乐作品的唱片。那么,权利穷竭原则是否适用于数字商品呢?早在1995年美国知识产权工作组的报告中,就曾讨论过数字传输不应受到首次销售原则的保护,报告发布之后,曾一度引发"数字首次销售原则"和"转发并删除"规则的讨论。美国版权局在2001年的

---

[1] 唐艳:"数字化作品与首次销售原则——以《著作权法》修改为背景",载《知识产权》2012年第1期,第47页。

[2] MELVILLE B. NIMMER & DAVID NIMMER, NIMMER ON COPYRIGHT §8.12(B)(1)(a).

报告[1]中称:"首次销售原则在网络传输的情况下不适用",建议不修改版权法中的首次销售原则,原因在于首次销售原则并未因技术保护措施在作品上的广泛使用而受到较大影响。欧盟2001年颁发的信息社会指令[2]的第28条写明,著作权保护以有形载体承载的作品的发行权,此时,该作品或作品复制件在著作权人或经其授权首次出售之后,著作权人控制该作品或作品复制件再次被出售的权利已用尽。

然而,在欧盟法院2012年裁决的"甲骨文公司诉用软公司"案中,欧盟法院认为,发行权权利穷竭原则不仅仅适用于著作权人以CD/DVD光盘为载体投入到市场的软件,也包括其通过网站允许用户下载的软件。软件复制件的所有权转移,著作权人的发行权用尽。若将权利穷竭原则仅仅适用于有形物理载体上的计算机软件,而不能适用于网络下载这种情况的话,这会使得著作权人能控制这些下载件的转售去要求在每一次销售中获得经济回报,即便其已经在这些软件复制件的首次销售时获得了利益。这是显失公平的,超出了对特定的知识产权客体的保护范围。所以,即便许可协议禁止用户转让该软件复制件,著作权人也不再能够反对该复制件的转售。虽然此案仅适用于计算机软件的转售,而对于此案的裁决理由能否同样适用于电子书和数字音乐、游戏,欧盟成员国法院意见各一[3]。本

---

[1] *U. S. COPYRIGHT OFFICE*, DMCA SECTION 104 REPORT 82(August 2001),79~80.

[2] Directive 2001/29/EC of the European Parliament and of the Council of 22 May 2001 on the harmonisation of certain aspects of copyright and related rights in the information society.

[3] 德国比勒费尔德法院于2013年的判决中认为,信息社会指令不允许将权利用尽原则适用于无形商品。荷兰阿姆斯特丹一审法院在2014年的判决中认为,权利穷竭原则适用于包括电子书在内的无形商品。

文同意欧盟法院在上述案件中的裁决，权利用尽原则可以扩展适用在数字商品上。正如上文的分析，在一些情形下，数字商品在互联网上的出售与现实生活中实体作品的发行行为并无本质区别。时至今日，越来越多的著作权人开始以数字出版作为其发行音乐专辑的主要渠道。允许权利用尽原则适用于数字商品交易，在无形载体网络交易能够产生与有形载体相同的转让效果的特定情形下，将其扩大适用于无形载体的信息网络传播权，能够有利于音乐平台商业模式的创新。

3. 权利穷竭原则在数字商品销售时的适用限制

欧盟法院在裁决中指出："转售人在转售之后，应使得其已下载到电脑中的软件复制件不能再被使用。如果他继续使用，则侵犯了著作权人的复制权。"在转售数字音乐的场合，转售人在已将其持有的音乐复制件转售之后，应使得其已下载到存储介质中的该复制件删除或者不能再被使用，这样才会发生和所有权转移一样的效果，不会增加一件作品的平行使用者数量。如果转售人仍旧可以使用该数字商品复制件或者转售人可以上传多份复制件的话，那其转售行为就侵犯了著作权人的复制权。在此情况下，权利穷竭原则本欲保护的使用者利益被不正当地行使，凌驾在了著作权人的利益之上。

如前文对苹果公司和亚马逊公司开发的技术的描述以及对Ridigi网站运营模式的介绍，随着技术的进步，专门的软件可被应用到二手数字商品的销售中，使得合法获得音乐的用户在转让该音乐时，自己电脑里的文件备份被自动删除。在美国的Ridigi案中，二手数字音乐交易双方均需要下载一款音乐管理软件，卖方将欲售音乐上传到管理软件的"云存储空间"中，这个"云存储空间"实质上就是Ridigi公司的服务器里的一个硬盘区域。当有买方支付对价购买该音乐时，管理软件会扫描卖方的计算机硬盘并将该音乐复制件自动删除,这项技术被称为是"发送即删除"技术。受让方就可以通过他的音乐管理软件来下载和播放其买到的音乐了。通过音乐管理软件,卖方在将二手数字商品转售之后对存储设备里的复制件的主动或被动删除,在技术上顺利的得到了解决。

四、结论

"人类进入数字技术时代,作品的创作、传播和使用技术不断创新,著作权的内容和实现方式日新月异,与著作权相关的产业推陈出新、迅猛发展,由此引发的经济关系日趋复杂。"[1]在信息技术不断地创新和变革的背景下,数字化的音乐发行的未来走向应是一个多方参与和共享的内容库。现有的技术完全可以在避免数字化的作品复制件在"二级"市场失去控制的前提下,实现数字音乐专辑的转让。权利穷竭原则应当突破其仅可适用于著作权人在作品有形载体上的发行权的限制,在无形载体网络交易能够产生与有形载体相同的转让效果的特定情形下,将其扩大适用于无形载体的信息网络传播权:一方面能够解决未来该技术广泛适用时产生的音乐原始著作权人与音乐网络平台之间的纠纷,另一方面,也有利于互联网音乐企业商业模式的创新,促进消费模式的多样化。对著作权人、网络平台和社会公众来说,能够产生共赢的效果。

---

[1] 刘春田:"《著作权法》第三次修改是国情巨变的要求",载《知识产权》2012年第5期,第8页。

试论个性化创新时代的知识产权保护

朱 悦　圣路易斯华盛顿大学职业法律博士（J.D.）在读，中国社科院文化法制研究中心助理研究员，对外经济贸易大学数字经济与法律创新研究中心研究员*

摘要：随着个人数据的丰富可得及人工智能的快速发展，数据驱动的个性化创新迅速崛起。文字、绘画、影像、装置艺术、电子游戏……纵然媒介有异，创新者以个体偏好等数据指引创新方向，产出为用户定制作品，再直接分发予用户。不同用户所获作品，差异逐渐明显；对已分发作品，创新者犹可以数字版权管理或数字水印等方式，实现对个体用户的精确监控。面对诸多愈发明朗的趋势，既有知识产权制度面临挑战：无论是基于自然权利的设想，还是基于功利主义的安排，都难以完全令人满意。未来，在适应与适用现有制度的基础上，当侧重市场和技术方面的规制，并注重法律体系内的协调。

在大数据与人工智能的浪潮下，在特定领域内，创新较之前更加有的放矢。对创新工作的如此转变，先前研究以着眼科学技术进展者居多。譬如，大数据与人工智能相结合，可以极高效率锁定有用性质材料、[1] 搜寻高性能化学反应、[2] 定位新

---

* 本文受惠于与王博远、颜欣的讨论，特此致谢。
　[1] See Sanchez-Lengeling, Benjamin, and Alán Aspuru-Guzik, "Inverse molecular design using machine learning: Generative models for matter engineering", *Science* 361, 6400

药备选化合物，[1]等等。从有关进展出发，已有研究探索上述趋势对创新速率、领域分布、瓶颈因素等一系列重要指标的影响。[2]同时，对有关发现的知识产权界定及归属，国内外已有许多形成体系的探讨。[3]

在文化、艺术及传媒等领域，大数据及人工智能，同样带来了剧烈冲击。创作者与观众间的关联，前所未有地紧密：前者主导创新并获得收益，后者之偏好塑造作品形态。从任何角度看，作品都不再是"'孤独而超越的'高贵者、征服者的人格展现"；[4]借人工智能，在各色媒介上，创作者充分融合个人数据（所展现偏好）及不同艺术形态，并向个体展现充分个性化的创作成果。换言之，"作品"概念不再均一，创作亦可"千人千面"。同时，盖因网络世界之特性，[5]创作者识别、影响甚至

（接上页）（2018），pp. 360~365。

〔2〕 See Segler, Marwin H. S., Mike Preuss and Mark P. Waller, "Planning chemical syntheses with deep neural networks and symbolic AI", *Nature*555. 7698（2018），pp. 604~610。

〔1〕 See Zhavoronkov, Alex, et al, "Deep learning enables rapid identification of potent DDR1 kinase inhibitors", *Nature Biotechnology* 37，9（2019），pp. 1038~1040。

〔2〕 See Agrawal, Ajay, John McHale and Alexander Oettl. Artificial Intelligence, Scientific Discovery, and Commercial Innovation, (2020).

〔3〕 对国内研究的精到概括，不妨参考孔祥俊《光明日报》刊文《人工智能知识产权保护的现状与前瞻》，其中提及现阶段，"人工智能科技和产业涉及的知识产权保护仍主要是在现有制度体系内完成，更多是解决现有制度如何适应和适用问题。在现有制度框架内，首先是纳入和兼容，在无法纳入和兼容时进行零星的或者局部的创新和突破，对于现有制度的革命性颠覆很少发生……"载 http://theory.people.com.cn/n1/2019/0830/c40531-31326544.html。对国外部分各方观点较为全面的总结，参见 World Intellectual Property Organization, WIPO Technology Trends 2019: Artificial Intelligence, World Intellectual Property Organization, 2019。

〔4〕 此处引语见于 Rose, Mark, *Authors and Owners: The Invention of Copyright*, Harvard University Press, 1993, pp. 119~120。

〔5〕 对网络世界中控制权问题的精要概括，See Balkin, Jack M., "Virtual liberty: Freedom to design and freedom to play in virtual worlds", Va. L. Rev. 90（2004），p. 2043。

试论个性化创新时代的知识产权保护

控制观众的能力，亦有显著增强。在如此根本变化下，有必要据此反思知识产权保护；然而，相比科技领域研究，有关研究略显寥落。[1]目前，仅 Raustiala 与 Sprigman 有深入讨论：从多所知名企业实践出发，鉴于数据驱动将"显著降低创作风险"，且"减除'知识产权'保护作者人格的道德意义"，他们主张减弱知识产权的保护水平。[2]

本文可视作在 Raustiala 及 Sprigman 研究基础上的展开。[3]具言之，第一部分简要梳理此类个性化创新的源流，尤其侧重近年成果与探索；第二部分从源流中提炼典型事实；第三部分从自然权利观点出发，简要分析数据驱动创新对知识产权的影响；第

---

[1] 具言之，绝大部分研究均侧重讨论"单纯作为一种技术的人工智能之输出"是否构成作品并受相应保护，而疏于对"人工智能"与"人"之关系的深入挖掘。Cohen 曾指出类似机械思路的致命缺陷，并进一步说明：此类机械方法，既可能高估知识产权保护的激励作用，又低估知识产权保护所蕴含的风险。See Cohen, Julie E., "Creativity and culture in copyright theory", UC Davis L. Rev. 40（2006）, p. 1151。有关"人工智能"与"人"，现有研究，常常省略对以下两类关系的讨论。一方面，作为数据密集型产业的人工智能，需要依赖大量所谓"幽灵劳工（Ghost work）"来运转。这部分个体的人格与投入，通常不载于相关讨论；然而，从眼前角度出发，如何理解"幽灵劳工"与通常意义上的"人工智能设计者"和"人工智能使用者"间的关系，如何分配收益、风险与责任，仍然是需要讨论和解决的问题。See Gray, Mary L. and Siddharth Suri, Ghost Work: How to Stop Silicon Valley from Building a New Global Underclass, Eamon Dolan Books, 2019；另一方面，如此处所述，当人工智能用于产品分发及创作，用户的偏好特征，很可能显著塑造最终作品的形态。一旦将如此被遮蔽部分纳入分析，讨论结果，未必与先前结论全然一致。

[2] See Raustiala, Kal, and Christopher Jon Sprigman, "The Second Digital Disruption: Streaming & the Dawn of Data – Driven Creativity", Forthcoming, *NYU L. Rev.*, pp. 1582~1622.

[3] 简言之，Raustiala 及 Sprigman 的讨论，主要关注 MindGeek（大名鼎鼎 Pornhub 的母公司。MindGeek 既是世界范围内数据驱动内容与个性化数字服务的先行者之一，也是原文着墨最重的案例）、Netfilx、亚马逊等企业借助（作品）浏览数据等信息、调整作品内容的实践，而未深入至个性定制作品的层面。和本文相比，此处更多是程度上的差别：当数据分析能力逐渐增强、市场愈发细化，个性化程度当相应增加。此外，他们的分析几乎没有纳入企业对个体用户日益增强的影响力与控制力。

四部分从基于功利主义的激励理论出发,简要分析数据驱动创新的影响;在前述基础上,第五部分结合创作者对观众的识别、影响及控制能力,提出综合保护的设想。最后是结语与展望。

一、数据驱动的个性化创新:历史与现状

20世纪50年代后期起,以计算机探索艺术表达边界的尝试,一刻未尝停息。[1]革新自绘画展开。如 Noll 所述,在计算机之前,对艺术创作的最佳概括,源自马蒂斯:对着帆布,反复思索,灵感迸发,画上两笔。[2]在这一过程中,画笔与帆布,在很大程度上是"被动"的媒介。[3]相比之下,交互功能更强、物理局限更少的计算机,赋予艺术家更开阔的创作空间。[4]20世纪60年代后半叶兴起的计算机生成艺术,[5]在突破20世纪60年代时兴的"理性、规律、未来主义"转向"流动、演化与复杂"[6]的同时,也是日后个性化创新的滥觞。譬如,

---

[1] 对其间历史的精彩叙述,See Taylor, Grant D., *When the Machine Made Art: The Troubled History of Computer Art*, Bloomsbury Publishing USA, 2014。

[2] Noll, A. Michael,"The digital computer as a creative medium", *IEEE Spectrum* 4.10 (1967), p.90.

[3] Noll, A. Michael,"The digital computer as a creative medium", IEEE Spectrum 4.10 (1967), p.90. 当然,根据 McLuhan 等学者极具影响力的理念,世间或许并不存在真正"被动"的媒介。不过,在将计算机与传统创作媒介比较的意义上,以"被动""主动"形容交互程度,应当不会太过唐突。

[4] Noll, A. Michael,"The digital computer as a creative medium", *IEEE Spectrum* 4.10 (1967), pp.93~94. 有趣的是,原文举出当时的前沿艺术范例,之上有凸显的"人与他(她)的世界(Man and his World)"字样(91页)。

[5] 少数此类作品可以追溯至20世纪60年代中前期,例如 Bense 的 Aesthetica (1965)。

[6] 对生成艺术突破20世纪60年代流行风格的具体叙述,See Taylor, Grant D., *When the Machine Made Art: The Troubled History of Computer Art*, Bloomsbury Publishing USA, 2014, pp.49~54. 有趣的是,时人对计算机艺术的理解,似乎恰好与今人对计算机的刻板印象相反。

Mohr 如此描述1970年完成的作品P-049/S："我的艺术发展为一种算法艺术……我的'算法'规则包含参数，'这意味着在艺术创作的特定时点'需要设置条件……"[1]于是，创作者开发各式"艺术系统"，自主拣选或随机生成算法参数，令算法生成作品。[2]生成之潮流，旋即席卷各艺术体裁。[3]有趣的是，在这一时代弄潮的艺术家，多倾向于将算法视为自在的创造者，而非工具。[4]

几乎在同一时点，因计算机交互艺术之蓬勃发展，创作主体的范围无垠扩张。[5]传统作品多为"'完成之后'不受外部影响"的"封闭系统"。[6]在算法之特性的影响下，"开放系统"

---

[1] See Candy, Linda, Ernest Edmonds and Fabrizio Poltronieri, *Explorations in Art and Technology*, Springer, 2018, pp.10~11.

[2] See Taylor, Grant D., *When the Machine Made Art: The Troubled History of Computer Art.*, Bloomsbury Publishing USA, 2014, p.102.

[3] 例如Noll, A. Michael, "The digital computer as a creative medium." *IEEE Spectrum* 4.10 (1967), p.90. 中Noll研究即探讨了生成方法用于音乐的可能性。

[4] See Taylor, Grant D., *When the Machine Made Art: The Troubled History of Computer Art*, Bloomsbury Publishing USA, 2014, pp.93~94页。原文进一步探讨了形成如此观念的原因：算法相当复杂，难以为人理解，输出高度随机。在此类随机性（亦称复杂性、不可解释性或不可预测性。部分当时艺术家甚至用"神秘主义"形容类似观点）与创造性之间，或许并不存在截然分明的观念（尤其是在艺术创作者自己都难以分辨的情形下）。此处亦可与Candy, Linda, Ernest Edmonds and Fabrizio Poltronieri, *Explorations in Art and Technology*, Springer, 2018中Candy、Edmonds与Poltronieri编纂著作中多位艺术家之自述、及同书中Nunez所著Between Worshipers, Priests and the Nuke: An Introduction to the Cultural and Social History of Early Computer Art一章比较。此处信念，或可与今日众多对"人工智能"有无人格的反思的研究相比较。

[5] 最早的相关讨论之一，See Cornock, Stroud and Ernest Edmonds, "The creative process where the artist is amplified or superseded by the computer", *Leonardo* (1973), pp.11~16。

[6] Cornock, Stroud and Ernest Edmonds, "The creative process where the artist is amplified or superseded by the computer", *Leonardo* (1973), pp.11~16.

愈发常见。概言之，如 Eco 之精到描述："作品不再先定……直到其他主体——观众、表演者、参与者——出现并以行动'完成''作品'之前，'作品'仍在一定程度上未完成……开放作品邀请参与者或表演者'与作者一起创作'……"[1]从生成到交互，由封闭而开放，自被动至主动，最核心的转变之一，在算法参数的来源。扩张之前，参数选择尽系于特定少数人之手，偶有随机性，也是精心选择的结果。[2]这部分个体，即为通常意义上的作者。现在，之前的"观众"，实质性参与至创作过程中，通过自身的特征、信息或行动，影响作品的形态。恰如 Simanowski 之总结："'在数字时代……'交互艺术的理论家和从业者呈现'作品'的方式，不再是通过需要被'观众'释读的信息，而是通过开放用于'创作者及观众间'对话的时间和空间……"[3]

上述转型，贯穿今日算法创作的"始"与"终"。"始"之一处：概因今日学习算法特性，创作所需算法，背后多有海量个体日夜勤劳。譬如，谷歌自动生成流畅情诗项目的基础之一，是纳入 2600 余本爱情小说;[4]Klingemann 之宏伟算法绘画计划

---

[1] 见 Eco, Umberto, "The poetics of the open work", *The Open Work* 251 (1962), 转引自 Seevinck, Jennifer, *Emergence in Interactive Art*, Springer, 2017, pp. 6~7. 对开放艺术的介绍。其中原文对"邀请参与者或表演者与作者一起创作"表达有所强调。对相应概念的充分展开，一般地，参见 Eco, Umberto, "The Open Work", (1989)。

[2] See Taylor, Grant D., *When the Machine Made Art: The Troubled History of Computer Art.*, Bloomsbury Publishing USA, 2014。

[3] Simanowski, Roberto, *Digital Art and Meaning, Reading Kinetic Poetry, Text Machines, MApping Art and Interactive Installations*, Vol. 35. U of Minnesota Press, 2011, p. 120. 此处亦不妨与注 9 中 Cohen 之研究比较。

[4] See Bowman, Samuel, et al., "Generating sentences from a continuous space", *Proceedings of The 20th SIGNLL Conference on Computational Natural Language Learning*, 2016; 对"两千余本小说"的详细报导，载 https://www.theverge.com/2016/5/5/11599068/google-ai-engine-bot-romance-novels。

的前提之一,是整理数以万计不同年代的人像画;[1]DeepMind生成逼真短视频,有关训练集规模量级达六位数;[2]在布设装置艺术时,个体走过相关展区的姿态,即为所成互动作品的"原料";[3]以及,获取海量玩家认知与体验信息,则是实时生成或调整游戏内容的基础,[4]等等。在叙述上述算法创作成果时,作为前提的小说、绘画或各种个人数据,常常被简单地概括为"训练数据集";然而,恰如算法巨擘 Jordan 所总结,"数据集与计算资源大幅扩展",实为算法广泛落地的主要原因之一。[5]实际上,即使算法已经投入使用,并创造可观收益,连绵不断的验证、迭代或拓展工作,仍需数量甚巨的人(及其创造力);[6]特定类型数据获取的程度难易,也会深刻影响算法产业的发展方向。[7]不过,在巧妙阻断交流的平台设

---

[1] 出自 Spratt 与 Klingemann 的对谈,See Spratt, Emily L. , "Creation, curation, and classification: Mario Klingemann and Emily L. Spratt in conversation", XRDS: Crossroads, *The ACM Magazine* for Students 24. 3 (2018), pp. 34~43。对 Klingemann 之 "Quasimodo" 项目的更多信息,载 http://quasimondo.com/。

[2] See Clark, Aidan, Jeff Donahue and Karen Simonyan, "Efficient video generation on complex datasets", *arXiv preprint arXiv*: 1907. 06571 (2019).

[3] See Sweeney, Yann and Jacob Huth, "Rewiring art", *Nature Machine Intelligence*1. 7 (2019), pp. 292~293。

[4] 一般地,请见 Yannakakis, Georgios N. and Julian Togelius. "Experience-driven procedural content generation", *IEEE Transactions on Affective Computing*2. 3 (2011), pp. 147~161。

[5] See Jordan, Michael I. , "Artificial intelligence-The revolution hasn't hAppened yet", *Harvard Data Science Review* (2019)。

[6] See Gray, Mary L. and Siddharth Suri, *Ghost Work: How to Stop Silicon Valley from Building a New Global Underclass*. Eamon Dolan Books, 2019.

[7] See David Yang, Martin Beraja and Noam Yuchtman, Data, Autocracy, and the Direction of Innovation: Evidence from China's AI Industry. (2020).

计与跨越大洋大洲的国际分工影响下,[1]上述算法背后的人力,时常处于一种"不可见"的状态,较少为相关讨论者所重视。[2]

"终"之一处,即为"个性化"。依据个体化程度高低,此处又可分为两层。[3]其一,根据个体用户特征、偏好及行为信息,选取、投放并随时调整作品内容、风格甚或展现形式。[4] MindGeek 之于视频台本中的特定穿着、位置与姿势, Netflix 之于特定剧集的定位、设计与收益预测,亚马逊之于特定剧集的试点播放与后续跟进,等等,对千万用户反馈的量化,均系决策中有相当权重的考量。[5]简言之,在加总意义上,个人数据影响创作的方向与成品形态。其二,对各类艺术体裁,算法开发者正尝试实现真正意义上的个性化,令个体交互塑造作品,并已取得一定突破。譬如,在文本领域,可以根据个体拣选关

---

[1] See David Yang, Martin Beraja and Noam Yuchtman, Data, Autocracy, and the Direction of Innovation: Evidence from China's AI Industry, (2020).

[2] See Gray, Mary L. and Siddharth Suri, *Ghost Work: How to Stop Silicon Valley from Building a New Global Underclass.* Eamon Dolan Books, 2019; Lee, Min Kyung, et al. "WeBuildAI: Participatory framework for algorithmic governance", *Proceedings of the ACM on Human-Computer Interaction 3. CSCW* (2019), pp. 1~35. 不过,将范围限定至探讨算法创作与知识产权的研究时,纳入此类"幽灵劳工"的研究,目前而言,可谓相当罕见。

[3] 此处分类或可与产业组织理论中的"一级价格歧视"及"二级价格歧视"相比较,视为两类(显然更为复杂的)"内容歧视"问题。

[4] See Raustiala, Kal and Christopher Jon Sprigman "The Second Digital Disruption: Streaming & the Dawn of Data-Driven Creativity", Forthcoming, *NYU L. Rev.*, pp. 1582~1602.

[5] See Raustiala, Kal and Christopher Jon Sprigman, "The Second Digital Disruption: Streaming & the Dawn of Data-Driven Creativity", Forthcoming, *NYU L. Rev.*, pp. 1582~1602.

键词生成诗歌，并依据个体意图修订成诗中字词；[1]一度成为热门的 PRISMA，即以用户输入图像为基础，产出艺术风格纷呈的图像；[2]另一类似探索方向，则是由指定文本生成（目前还颇为简单的）视频；[3]以上提到的装置艺术，在捕捉姿态并生成草稿后，仍有观众投票环节，以筛选最终作品；[4]以及，对特定玩家，根据游戏风格、偏好及技巧个性化微调游戏关卡，正在成为可能，[5]等等。此时，个体层面特征的差异，将切实影响相应作品呈现的形态。如果说在20世纪60年代至70年代，"未完的作品"与"对话的空间"，尚显新锐与抽象；今天，主体的无垠扩展，正成为现实日常。

与个性化趋势相伴者，是对已分发作品监控能力的强化。一方面，相比中间链条繁杂的传统创意产业，如谷歌、亚马逊、Netflix 等互联网头部企业，既有庞大用户基数，因而具备更多直接面向用户的机会，又是个性化创新领域的主要探索者。实际上，来自用户的众多数据，本身即是个性化创新模式的前提

---

[1] See Zhipeng, Guo, et al. ,"Jiuge: A human - machine collaborative Chinese classical poetry generation system", *Proceedings of the 57th Annual Meeting of the Association for Computational Linguistics*: System Demonstrations, 2019, 对此处 "九歌" 项目的更多信息，载 https://jiuge.thunlp.cn/。

[2] 对有关技术的实现，一般地，请见 Gatys, Leon A., Alexander S. Ecker and Matthias Bethge, "Image style transfer using convolutional neural networks", *Proceedings of the IEEE Conference on Computer Vision and Pattern Recognition*, 2016。对 "PRISMA" 软件的更多信息，载 https://www.prisma.io/。

[3] See Li, Yitong, et al. ,"Video generation from text", *Thirty-Second AAAI Conference on Artificial Intelligence*, 2018。

[4] See Sweeney, Yann and Jacob Huth, "Rewiring art", *Nature Machine Intelligence* 1.7 (2019), pp. 292~293。

[5] See Shaker, Noor, Georgios Yannakakis and Julian Togelius, "Towards automatic personalized content generation for platform games", *Sixth Artificial Intelligence and Interactive Digital Entertainment Conference*, 2010。

之一。[1]另一方面,当作品以数字形式展示,识别、监测、控制已分发作品的能力,随有关技术进步而不断强化。[2]例如,借助近年来有长足发展的数字水印,在技术层面,已然可能"对每一复制品展开识别与追踪"。[3]之外,作品个性化程度的不断提高,既便利上述"识别与追踪",又有可能减弱不同用户间互通作品的激励。

二、数据驱动的个性化创新:典型新事实

个性化创新时代的典型事实之一,是"作者"概念的进一步复杂化。恰如 Gervais 总结:直至 16 世纪的欧洲,在创作成果上署名,远非不言自明之权益。[4]在个人主义兴起、印刷术扩散、市场竞争加剧等多种因素的影响下,至 17 世纪,"作者"

---

[1] See Raustiala, Kal and Christopher Jon Sprigman, "The Second Digital Disruption: Streaming & the Dawn of Data-Driven Creativity", Forthcoming, NYU L. Rev., pp. 1582~1602. 有趣的是,其中提及:"[数字时代的个性化创新]使创新从'普罗米修斯[取其盗火之意]'模式转向'百眼巨人[取其监控个体人格之意][此处另有一层意旨,巨人名为 Panoptian, 即为后世譬拟监控之全景敞视监狱(Panopticon)一喻之起源]'模式……"

[2] 当然,此处能力的具体界限,随作品体裁不同各有差异。文字层面,一般而言,他人总有办法以手录或扫描等方式自由复制,不易彻底监控;相比之下,在图像、视频或更为复杂的游戏等作品中,加入各种监控设计的空间更加余裕。然而,即使是文字作品,比较之下,对各种电子书的保护,仍然显著强于纸质版。如 Cohen 所述,有关数字版权管理系统(通常简称 DRM)的限制、监测与自保护功能,已直接与个体表达自由、隐私权、个人信息保护等多项权益冲突。See Cohen, Julie E., "DRM and Privacy", *Communications of the ACM* 46.4 (2003), pp. 46~49. 鉴于文字层面的冲突已相当尖锐,而其它作品可以承载的技术通常更为复杂,此处的一般结论,应当不至过分夸张。

[3] See Shih, Frank Y., *Digital Watermarking and Steganography: Fundamentals and Techniques*. CRC Press, 2017, p. 12.

[4] See Gervais, Daniel J., "The Machine as Author", *Iowa Law Review* 105 (2019), pp. 24~25.

与"作品"间的牢固联系,方才初步成型。[1]然而,如何界定"作者"?两类思想渊源,始终纠结不休:一类是"浪漫主义"的"个人主义"的、对"非凡个体由稀薄空气中作成创造"的假定,由此强调创造成果的"原创性""可区分"、谓之"独特人格对自然的反应"。[2]另一类则强调经济及法律层面的"便利":此时,除去少数"确具表达天赋"的例外,"作者"不过是用于保障所欲权益的拟制。[3]前一叙事,可为知识产权提供似有的规范层面证成;后一叙事,则可将对"天赋"的保护延拓至时人或视为平庸的各类"作品"。不过,延拓愈宽泛,基于前一叙事的规范证成,即愈显可疑。

无论采用何种叙事,在个性化创新下,界定"作者"均十分困难。如前所述,对有关创新,除算法本身外,"始""终"两端,均有大量(或许看不见的)人的参与。倘若严格从"人格""原创"叙事出发,而暂时略去"便利"考量,目前,难以断定个性创新是何者人格的"客体化":[4]标注数据者众多,且常不受重视,不过,缺乏人工标注数据,则算法未必能显得如此智能;[5]算法开发者[6]或许只是在以特定方式

---

[1] See Gervais, Daniel J., "The Machine as Author", *Iowa Law Review* 105 (2019), pp. 24~25; Rose, Mark, *Authors and Owners: The Invention of Copyright*, Harvard University Press, 1993, p. 142.

[2] See Rose, Mark, *Authors and Owners: The Invention of Copyright*, Harvard University Press, 1993, pp. 130~142.

[3] See Rose, Mark, *Authors and Owners: The Invention of Copyright*. Harvard University Press, 1993, pp. 138~139.

[4] See Rose, Mark, *Authors and Owners: The Invention of Copyright*, Harvard University Press, 1993, pp. 130~142.

[5] See Gray, Mary L. and Siddharth Suri, *Ghost Work: How to Stop Silicon Valley from Building a New Global Underclass*. Eamon Dolan Books, 2019.

[6] 算法开发者与算法控制者(比如,开发者常常销售算法解决方案以取利)

统计个体偏好，[1]然而，他们在相当程度上控制创新的有无与具体成果；算法本身可否在法律层面获得"人格"，实有巨大争议，[2]虽然如此，算法本身的"复杂性"或"不可解释性"，既为早期艺术家所追求，又可能是相关"创新"的确切来源；[3]最后，尽管个体用户通常不被视为作者，但是，个性化创新的成果，既来自用户与算法的交互，又在很大程度上反映了个体的偏好。[4]鉴于每一环节均有难辨根据与证否，个性化场景下，很难断定任何一方确系"个人主义""浪漫主义"[5]意义上的"作者"。一旦取"便利"叙事，则需界定具体权益，并说明拟议"作者"概念何以促进有关权益。对此，鉴于人工智能领域内开源文化的盛行，知识产权保护本身是否为促进发展所必须，都有相当疑义，[6]遑论更加具体的提议。

（接上页）未必是同一主体。然而，从人格角度出发，如果前者难堪"作者"，后者的相应依据恐怕更弱。

〔1〕 对"人工智能"与"人之智能"差异的讨论，一般地，可见 Lake, Brenden M. et al., "Building machines that learn and think like people", *Behavioral and Brain Sciences* 40（2017）。

〔2〕 在算法创作领域的相关争议，See Ginsburg, Jane C. and Luke Ali Budiardjo, "Authors and Machines", Forthcoming, *Berkeley Technology Law Journal*。

〔3〕 See Galanter, Philip, "Artificial intelligence and problems in generative art theory." *Proceedings of EVA London 2019*（2019），pp. 112~118。

〔4〕 如果考虑到个人信息或包含人格的部分要素，此处讨论将显得更加微妙。

〔5〕 See Rose, Mark, *Authors and Owners: The Invention of Copyright*, Harvard University Press, 1993, pp. 130~142。

〔6〕 有关开放性对人工智能发展的重要性，例如，See Bostrom, Nick, "Strategic implications of openness in AI development", *Global Policy* 8.2（2017），pp. 135~148。实际上，Github 开源平台上的趋势，可以在相当程度上代表人工智能发展的整体趋势，See Chong, JiSeon, et al., "A study on the development trend of artificial intelligence using text mining technique: Focused on open source software projects on Github", *Journal of Intelligence and Information Systems* 25.1（2019），pp. 1~19。

个性化创新时代的又一典型事实,是创新收益与创新风险的变化。收益层面,仅由目前事实,仍难以确切证明个性化趋势对创新收益的影响。尽管如此,由以下三种相伴变化出发,可推断收益存在上升之势。首先,尤其对头部企业而言,与个体用户的直接互动,拓宽了获取收益的具体方式。创新回报不仅来源于销售之收入,尚在广告等多种与流量相伴的收入;[1]其次,在销售收入层面,创新者因具备丰富的个人数据,可按照收益更高的方式定价;[2]最后,在销售收入层面,相比"没有人知道'个体用户的偏好'怎么样"[3]的过去,借手头丰富的个人数据,创新者得"识别并满足个体偏好","在作品与偏好间建立更准确的匹配"[4]。如此,更准确的匹配,常意味着用户愿为作品支付更高的价格。如上,创新收益很可能因个性化而增加。

个性化同样可以降低创新的风险。此处,Raustiala 及 Sprigman 之二分颇为精到:既有"创新失败的风险",个体用户补习创新者的精心产出;又有"创新成功的风险",个体用户喜爱创新产出,但创新者未能因此获取收益。[5]个性化可从至少两种渠道纾解"失败的风险":一方面,如前所述,"更准确的

---

[1] 对此类收入的讨论,See Seufert, Eric Benjamin, *Freemium Economics: Leveraging Analytics and User Segmentation to Drive Revenue*, Elsevier, 2013。

[2] See Bergemann, Dirk, Benjamin Brooks and Stephen Morris, "The limits of price discrimination", *American Economic Review* 105. 3 (2015): 921-57。需要指出的是,由于创新是个性化的,此处的"价格"概念,很可能需要进一步讨论。

[3] 转引自 Raustiala, Kal and Christopher Jon Sprigman, "The Second Digital Disruption: Streaming & the Dawn of Data-Driven Creativity", Forthcoming, *NYU L. Rev.*, p. 1605.

[4] 转引自 Raustiala, Kal and Christopher Jon Sprigman, "The Second Digital Disruption: Streaming & the Dawn of Data-Driven Creativity", Forthcoming, *NYU L. Rev.*, p. 1605.

[5] See Raustiala, Kal and Christopher Jon Sprigman, "The Second Digital Disruption: Streaming & the Dawn of Data-Driven Creativity", Forthcoming, *NYU L. Rev.*, pp. 1604~1605.

匹配",即意味着不合口味之风险的降低;[1]另一方面,当用户基数较多时,创新者的成本投入更为灵活,"失败风险"的幅度相对降低。譬如,创作网络小说时,可以通过实时数据,选择坚持写作或"砍书"[2];制作剧集者,可以先放映计划中的一小部分,再根据反馈调整后续内容,甚至弃绝前景不佳的项目;[3]游戏行业则日益"半成品化"[4],创新者不再耐心酝酿作品至完成,而选择拆分销售游戏,根据用户反响伺机增添相关付费内容;最后,对特定创新,均可以类似"A/B 实验"的方式,在小范围检验成效,并实时迭代内容。[5]二者结合,相较过往,个性化创新,将显著降低"创新失败的风险"。

对"创新成功的风险"而言,结论尤其不确定,只能做出方向层面的推断。其一,创新个性化,一定程度上减少了(不合法)转卖的激励。不妨以游戏关卡为例:若 Shaker 等学者设想充分实现,游戏关卡等内容,均以最贴合个体用户偏好方式设计。[6]此时,其他玩家的游戏固然有趣,但未必有根据自己

---

[1] See Raustiala, Kal and Christopher Jon Sprigman, "The Second Digital Disruption: Streaming & the Dawn of Data-Driven Creativity", Forthcoming, *NYU L. Rev.*, p. 1605.

[2] 对此尚无较系统的研究,仅有部分作者或编辑关于"砍书""弃文"或"太监"的叙述或经验。此处尚有待进一步研究。

[3] See Raustiala, Kal and Christopher Jon Sprigman, "The Second Digital Disruption: Streaming & the Dawn of Data-Driven Creativity", Forthcoming, *NYU L. Rev.*, pp. 1582~1602.

[4] 对此尚无较系统的研究,仅有业界评论,参见 https://www.vgtime.com/topic/406057.jhtml; See Woodcock, Jamie, *Marx at the Arcade: Consoles, Controllers, and Class Struggle*. Haymarket Books, 2019.

[5] See Kohavi, Ron, and Roger Longbotham, "Online controlled experiments and A/B testing", *Encyclopedia of Machine Learning and Data Mining* 7.8 (2017), pp. 922~929.

[6] See Shaker, Noor, Georgios Yannakakis and Julian Togelius, "Towards automatic personalized content generation for platform games", *Sixth Artificial Intelligence and Interactive Digital Entertainment Conference*, 2010.

偏好定制的版本顺手。由此,将有更多用户付费寻求个性化体验,而非依赖开发者难以分享收益的转售。如上所述,因个性化创新者与个体用户间直接互动,前者识别、监测、控制已分发作品的能力因此增强,亦随有关技术进步而不断强化。譬如,即使知识产权保护较弱,创新者仍有一定能力阻止用户利用作品。[1]当创新者同时保有占有率较高的软件或硬件平台,这一控制力将更加突出。[2]综上,通过提振付费激励,并加强对分发作品控制,个性化创新有相当概率降低"创新成功的风险"。

三、基于自然权利的知识产权保护

"作者"的复杂化,导致从自然权利证立知识产权变得相当困难。诚然,基于自然权利的进路有许多:可以由华兹华斯等主张的"道德权利"出发,强调"保障作家创意之表达""作品之完整"和"记载文化、见诸真相、辨别美丑"之重要性,再建立作者权等一系列权利;[3]可以由洛克的"劳动"出发,将创造过程描绘为个体"劳动"与"自然(思想的公共领域)"[4]之混合,当相应创作对个体够用、又在自然中为其他个体留下足够剩余,个体即可由劳动出发,对相应创作主张知识产权;[5]亦

---

[1] 当然,如 Cohen, Julie E., "DRM and Privacy", *Communications of the ACM* 46.4 (2003) 中所述,这可能引起针对其它权利的争议。

[2] See Perzanowski, Aaron and Jason Schultz, *The End of Ownership: Personal Property in the Digital Economy*, MIT Press, 2016。

[3] See Jaszi, Peter, "On the author effect: Contemporary copyright and collective creativity", *Cardozo Arts & Ent. LJ* 10 (1991), pp. 297~300.

[4] 洛克的"自然"与知识产权中的"公共领域"能否等同,本身便是一项非常困难的议题。See Merges, Robert P., *Justifying Intellectual Property*, Harvard University Press, 2011, pp. 36~39.

[5] See Merges, Robert P., *Justifying Intellectual Property*, Harvard University Press, 2011, pp. 31~67.

可由康德的"自主"出发,毕竟,除非能够对作品拥有一定程度的控制,个体既难对外表达自己的意志,又难以实现完全意义上的自由;[1]甚至,还可以从罗尔斯的"分配正义"出发,将特定创作划分为"作者创意之核心"与"社会助成之边缘"两部分,在承认一定程度知识产权属于"基本自由"的同时,加以对收益的适当再分配,[2]等等。

套用有关进路至个性化创新不无可能,"作者"层面的困难则令此类论证大多仅停留于"可能"。首先,如典型事实叙述,"作者"概念难以确切厘定。如果没有牢固的"作者","创意""劳动""自主""自由"等概念,都难有坚实基础。有部分观点认为,如果现实需要,可以拟制作者概念,再归入相应概念、运用自然权利叙事。[3]不过,如果权利之根基实为"现实便利",自然权利话语只是装"酒"的"瓶",此类权变,当以自功利主义视角检视为宜。其次,各类自然权利叙事,多深受所谓"孤独的发明家"譬喻的影响。[4]无论这一图景是否真实[5],从个性化创新的源流看,尝试证立者均缺乏相应的历史资源。如果个性化创新确有其内在形象,那也更有可能是"用于'创作者及

---

[1] See Merges, Robert P., *Justifying Intellectual Property*, Harvard University Press, 2011, pp. 68~101.

[2] See Merges, Robert P., *Justifying Intellectual Property*, Harvard University Press, 2011, pp. 102~136.

[3] 例如,以下研究即拟制算法为作者(再进一步拟制为受雇创作人员),See Yanisky Ravid, Shlomit, "Generating Rembrandt: Artificial Intelligence, Copyright, and Accountability in the 3A Era——The Human-like Authors are Already Here-A New Model", *Mich. St. L. Rev.* 2017 (2017): 659。

[4] See Rose, Mark, *Authors and Owners: The Invention of Copyright*, Harvard University Press, 1993.

[5] 至少,在类似叙事最为流行的时间段,此类譬喻未必完全真实,See Bottomley, Sean, "The returns to invention during the British industrial revolution", *The Economic History Review* 72.2 (2019), *pp.* 510~530。

观众间'对话的时间和空间"〔1〕。由如此开放的"作者"观念出发,恐怕很难证立旨在(至少是部分地)排他的知识产权。固然,类似"共同作者"的安排,可以在理论上给予一定程度的补苴;〔2〕不过,鉴于典型事实中的复杂性,倘若相关各方全为"作者",制度似乎过于复杂,倘若仅选取其中一方或几方为作者,很可能再次需要引入"便利"的考量。总之,仅从自然权利的各种进路出发,很难为有关知识产权给出足够牢固的论证。

值得特别指出的是,类似话语可能给出结论相左的论证。譬如,个体表达自身情绪、思想与意志的自由,似可成为赋予知识产权的根据;一旦赋予算法开发者或使用者此类权利,则可能进而加强监控分发作品的正当性,甚至是必要性。然而,个体表达(或保守)情绪与思想的自由,同样可以证立作为人格权的隐私权。〔3〕对文字、绘画、影像、游戏等常深切涉及私人情绪、思想及品味的作品而言,保存有关活动或信息的"私密"〔4〕,则尤其重要。因此,在个性化创新中,从自然权利出发而证立知识产权的前景,因此又蒙上了一层阴霾。〔5〕

---

〔1〕 See Simanowski, Roberto, *Digital Art and Meaning. Reading Kinetic Poetry, Text Machines, MApping Art, and Interactive Installations.* Vol. 35. U of Minnesota Press, 2011。

〔2〕 See Ginsburg, Jane C. and Luke Ali Budiardjo, "Authors and Machines", Forthcoming, *Berkeley Technology Law Journal*。原文引入了一种颇为复杂的、对算法生成作品的三分,并承认在此之外可能存在"没有作者"的作品。

〔3〕 一般地,参见 Rosen, David and Aaron Santesso, "Inviolate personality and the literary roots of the right to privacy", *Law & Literature* 23.1 (2011), pp.1~25, 亦可与 See Rose, Mark, *Authors and Owners: The Invention of Copyright*, Harvard University Press, 1993, pp.139~142. 对知识产权与隐私权关联的探讨相比较。

〔4〕 此处采取了当前版本《民法典(草案)》的表述。

〔5〕 See Raustiala, Kal, and Christopher Jon Sprigman, "The Second Digital Disruption: Streaming & the Dawn of Data-Driven Creativity", Forthcoming, *NYU L. Rev.*, pp.1582~1602.

四、基于功利主义的知识产权保护

从功利主义出发,是否赋以知识产权、赋以多少产权保护,以是否能促进特定价值为基础;有关目标,通常涵盖社会总福利、创新数目与公共领域思想数目的一种或多种。[1]循此出发设想制度安排,因此包含以下两步:首先,选取恰当价值;其次,证明拟议安排可以促进前述目标。不过,在个性化创新中由此证立知识产权,可能比倚赖自然权利更为困难。

尽管,对个性化创新本身,仍然缺乏足够强的证据。不过,对数字经济整体而言,经济学家已经在一定程度上共识:传统知识产权观念下视为"侵权"(比如盗版)的行为,很可能是近年来数字经济下创新繁荣的主要原因;同时,现有水平的知识产权保护对数字经济下创新影响是正是否,难以确切认定。[2]以上,在功利主义视角下,倘若对个性化创新主张设立知识产权,需要给出比较明确的证据。在个性化创新方面,如此证据是否存在,有相当的疑问;对方向迥异的判断,则有一定支持。譬如,相关算法的技术细节,常公开发表为论文,并在 Github 等平台开源。[3]同时,如 Bostrom 之总结,开放性对算法创新有多类正面影响:降低创新门槛、扩大研究者范围、提高创新速率、

---

[1] See Merges, Robert P., *Justifying Intellectual Property*, Harvard University Press, 2011, pp. 36~39.

[2] See Waldfogel, Joel, "How digitization has created a golden age of music, movies, books, and television", *Journal of Economic Perspectives* 31.3 (2017), pp. 195~214; And Goldfarb, Avi and Catherine Tucker, "Digital economics", *Journal of Economic Literature* 57.1 (2019), pp. 3~43; See Boldrin, Michele and David K. Levine, *Against Intellectual Monopoly*, Cambridge University Press, 2008. 对数字经济中特定产业的案例,例如,音乐产业,See Demers, Joanna Teresa, *Steal this Music: How Intellectual Property Law Affects Musical Creativity*, University of Georgia Press, 2010.

[3] 例如,可以参见"数据驱动的个性化创新:历史与现状"部分的相关引证。

降低少数人控制创新的概率、降低刻意设置瓶颈的概率、使产业竞争更为激烈、提高技术安全性、使行业更有远见、使行业参与者更为利他、在行业内进一步加强分享合作文化，等等。[1]既然，在法律尚未给予额外激励时，[2]行业已发展兴盛、又有开放共享文化，加之，在数字经济条件下，继续强化知识产权保护，效果方向成疑，在具备有力相反证据前，上述论证思路的第二步，暂时难以逾越。

个性化创新本身对收益与风险的影响，加强了以上结论。既然，个性化趋势可能因收益模式拓宽、定价及创新愈发精准而提高创新收益，又可能因精准创新、灵活创新及强化监控等因素而削弱创新风险，在文字、绘画、影像、装置艺术、电子游戏等领域引入个性化，已有相当激励。此时，是否需要额外以知识产权激励之，答案并非显然。实际上，考虑到法律对创新资源的引导作用，以及相关问题在法律层面的复杂性，[3]强化有关保护，或导致更多资源流向有关纠纷的研究与解决，而非更为深入的个性化创新。[4]然而，通常而言，相比前者，后者似乎稍微接近知识产权制度所追寻的目标。因此，看似直指功利主义目标的法律，可能收获"南辕北辙"之效。此处讨论，进一步筑高了第二步所面临的门槛。

---

[1] See Bostrom, Nick, "Strategic implications of openness in AI development", *Global Policy* 8.2 (2017).

[2] 当然，这并不意味着开源社区没有自己的规范。

[3] 此处当与闻名遐迩的"概率专利"概念相比较。

[4] 以下研究从宏观层面印证了这一结论，微观层面的研究仍有待进一步深入，此处见于 Murphy, Kevin M., Andrei Shleifer and Robert W. Vishny, "The allocation of talent: Implications for growth", *The Quarterly Journal of Economics* 106.2 (1991), pp. 503~530。

五、镂刻数字水印的个性化：迈向更加综合的保护模式

恰如福柯所言："……考虑到过去的历史转型，这种（作者）功能的形式、复杂性，甚至其存在本身，似乎都远不是一成不变的。我们很容易设想出这样一个文化，在那里，话语可以无须任何作者而流通。"[1]既然，从自然权利或功利主义出发，都难以给出令人满意的论证；如此，如何在法律层面理解此类"没有作者的作品"，即成当务之急。不可否认的是，即使难以在一般层面规制，对现有知识产权法律稍作延伸，足以暂时覆盖一定比例的个性化创新；[2]因此，"现有制度如何适应和适用"，仍是个性化创新之规制框架的一部分。不过，伴随个性化程度的日益加深、牵涉媒介的愈发广阔，规制框架的内容，亦需相应丰富。

不妨回到网络法领域经典的规制四要素理论：法律、规范、市场与技术。[3]对个性化创新而言，市场与技术，均可在规制体系中发挥重要作用。市场层面，个性化程度的加深，可以视为产品或服务差异化竞争的努力。通常而言，文字、绘画、影像、装置艺术、电子游戏等领域的"参差多样"，是知识产权制度追求的目标（之一）；[4]另外，如前所述，创新的日益个性化，本身即可提升收益、降低"成功"与"失败"时的风险。

---

[1] Foucault, Michel, "Authorship: what is an author?", Screen 20.1 (1979), p. 28. 译文来自李康、张旭，载 https://www.douban.com/group/topic/4801662/.

[2] See Ginsburg, Jane C. and Luke Ali Budiardjo, "Authors and Machines", Forthcoming, *Berkeley Technology Law Journal*.

[3] See Lessig, Lawrence, "The law of the horse: What cyberlaw might teach", *Harvard Law Review* 113.2 (1999), pp. 501~549.

[4] 实际上，不同作品的数目，本身便是创新领域常用的福利指标。See Waldfogel, Joel, "How digitization has created a golden age of music, movies, books, and television", *Journal of Economic Perspectives* 31.3 (2017).

因此，进一步发挥算法领域即有的开放优势，推动创新者通过差异化竞争获取收益，有望实现社会福利与创新者利益的并美。技术层面，数字版权管理或数字水印的发展，可以通过加强识别、监测与控制能力这一渠道，强化创新者保障自身利益的能力。实际上，考虑到个性化创新中创新者与个体用户的频繁互动以及创新的呈现形式更为灵活，[1]中止提供个性化产品或服务，足以形成相当程度的威慑。在此基础上，创新者可以通过用户协议等形式，与用户约定具体的权益分配，并以有关技术手段监督履行。综上，在个性化创新时代，尽管知识产权制度面临挑战，市场与技术的力量，可以在规制格局中承托相当分量，共同发挥相当程度的激励作用。当然，有关规制思路，仍需遵循现有法律法规。比如，个性化需要大量个人数据，对有关数据的收集与处理，需要符合隐私权与个人信息保护的要求；技术监控方面，隐私权与个人信息保护同样不能忽视；最后，创新者的缔约地位与持续监控，或许会与既有的消费者保护与财产权安排有所冲突，需一并予以平衡。[2]有关遵从及平衡，均属重要议题；不过，更为深入的探讨，有待自动化创新的进一步发展，以及相关典型事实的进一步细化、展开。

六、结语与展望

本文探讨了个性化创新时代知识产权制度所面临的挑战：鉴于创新发展的历史与现状，无论是从自然权利路径，还是由功利主义进路，均难以牢固证立相关知识产权。前者面临的困难：对此类创新，很难以令人信服的方式界定"作者"；后者面

---

[1] 例如前文提到的"半成品化"现象。

[2] 例如，可参见 Fairfield, Joshua AT, *Owned: Property, Privacy, and the New Digital Serfdom*, Cambridge University Press, 2017.

临的困难：很难在加强知识产权保护与促进社会利益之间建立可靠的联系。幸运的是，在遵从现有法律法规的基础上，市场和技术可以作为规制格局的重要补充，为创新者提供相当程度的保护，并与知识产权制度的整体目标相适应。换言之，伴随自动化创新格局的扩展，创新者与用户交互的增加，以及创新者监控能力的强化，市场与技术，将在规制格局中占据更加重要的地位。不过，趋势初起时的研究，局限必定很多；对许多重要问题，比如"作者"的观念史，又如具体制度安排与创新间的因果联系，尚需进一步研究。相关问题答案的变化，可能导致建议层面的变化。

新技术的法律影响

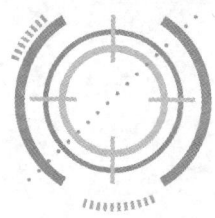

算法透明原则的迷思
——算法规制理论的批判

沈伟伟　中国政法大学法学院副教授

摘要：随着近年来算法问题的大量出现，人们开始思考如何规制算法。算法透明原则是学理和实践中众所周知的一项算法规制原则，许多学者对算法透明原则十分推崇。但与事后规制相比，算法透明原则作为一种事前规制方式，其规制效力有着天然的缺陷。即使算法透明原则可被用来限制"算法黑箱"的不利后果，但在大规模通过立法、行政、司法措施规制算法的时代，算法透明原则通常既不可行，也无必要。因此，就算法透明原则在算法规制谱系中的合理定位而言，其应该处于非普适性、辅助性的位置。比起本质主义色彩浓厚、以算法透明为代表的事前规制，以实用主义为导向、以算法问责为代表的事后规制是更加得当的规制策略。

一、引　言

近半个世纪以来，算法[1]正以前所未有的深度和广度，影

---

[1]"算法社会""算法时代""算法世界"等指示日常生活与算法紧密关联的新词汇，已逐渐普及。比如2016年美国皮尤研究中心就用"算法时代"（AlgorithmAge）一词。参见Lee Rainieand Janna Anderson（Pew Research Center）：Code Dependent：Prosand Consof the Algorithm Age, 2016. 学理上，杰克·巴尔金将"算法社会"（Algorithmic Society）定义为一个通过算法、机器人和人工智能来进行社会和经

响和改变着人类活动。依托这一技术革命情境,并伴随着网络空间和现实空间的加速融合,算法应用越来越广泛。

可以说,在当代社会,算法几乎无处不在、无所不能,算法应用在发展。与此同时,大数据和人工智能的兴起使算法得以突破"波兰尼悖论"的束缚,通过基于自我训练、自我学习的过程,实现自我生产和自我更新,[1]算法本身也在发展。

然而,算法是一把双刃剑。算法可以调节室内温度,但是也可以把房间变成冰窖火炉;算法可以自动开门,也可以把人们锁闭在屋内;算法可以自动驾驶,但也可以引发事故;算法可以治病救人,但也可以误诊杀人;算法可以帮助我们更高效地分配资源,但也可以在分配中歧视特定群体……随着算法共谋、算法失灵、算法歧视等问题的出现,"如何规制算法?"[2]这一命题在近两三年来,以一种近乎猝不及防的方式被推向前台,也一跃而进入主流法学界的视野。[3]

就像面对魔法一样,人们在直觉上对算法引发问题的第一反

(接上页)济决策的社会。参见 Jack M. Balkin, The Three Laws of Robotics in the Age of Big Data, 78 Ohio ST. L. J. 1217, 1219 (2017)。有关算法社会的讨论,还可参见 Danielle Keats Citron and Frank Pasquale, The Scored Society: Due Process for Automated Predictions, 89 Wash. L. Rev. 1, 3 (2014);左亦鲁:"算法与言论——美国的理论与实践",载《环球法律评论》2018 年第 5 期,第 122~139 页;丁晓东:"算法与歧视 从美国教育平权案看算法伦理与法律解释",载《中外法学》2017 年第 6 期,第 1609 页。

[1] 参见贾开:"人工智能与算法治理研究",载《中国行政管理》2019 年第 1 期,第 17~22 页。

[2] David Lehr & Paul Ohm, Playing with the Data: What Legal Scholars Should Learn About Machine Learning, 51 U. C. Davis L. Rev. 653 (2017).

[3] 在此,仅举几个典型案例:喜达屋-万豪、华住等酒店集团住客信息数据泄露;个人征信巨头 Equifax 信用数据泄露案;Facebook 千万用户数据失窃;夏威夷虚假导弹警报信息;自动驾驶失灵致死事件;波音 737Max 飞机控制系统失灵空难等。算法本身引发了全球普遍质疑。参见 Pew Research Center: Public Attitudes Toward Computer Algorithms, 2018, pp. 2~7.

应,是搞清楚它到底是什么。于是,在规制算法的众多学说中,最广为熟知且被普遍认可的,便是算法透明原则。[1]尽管各研究领域的学者对于算法透明原则的内涵认识不一,但大体上,算法透明原则被归为一种对于算法的事前规制模式,它要求算法的设计主体或者使用主体公开和披露包括源代码在内的算法要素。[2]让人颇感意外的是,虽然学界呼吁算法透明原则的声音不绝于耳,但却鲜有中文文献对其作理论性辨析,也没有对其在实践中的应用作归纳反思,更不用说其在整个算法规制图景中如何进行合理定位。在相关研究尚未展开的背景下,有些学者却已然将算法透明原则作为算法规制的首要原则,甚至乐观地认为,一旦透明,算法就可知,一旦可知,算法问题就可解。[3]本文可能就是想在对算法透明原则作出理论和实践辨析后,为这股乐观情绪泼上一瓢冷水。

在笔者看来,目前有关算法规制的讨论,夸大了算法透明

---

[1] 参见 Frank Pasquale, The Black Box Society 8-11 (Harvard University Press, 2015); Danielle Keats Citron, Technological Due Process, 85 Wash. U. L. Rev. 1249, 1253 (2008); Paul Schwartz, Data Processingand Government Administration: The Failure of the American Legal Response to the Computer, 43HastingsL. J. 1321, 1323-25 (1992); 郑戈:"算法的法律与法律的算法",载《中国法律评论》2018年第2期,第67~69页;汪庆华:"人工智能的法律规制路径:一个框架性讨论",载《现代法学》2019年第2期,第54~63页;蒋舸:"作为算法的法律",载《清华法学》2019年第1期,第67~69页;张凌寒:"算法权力的兴起、异化及法律规制",载《法商研究》2019年第4期,第74~75页。

[2] 基于这一界定,本文选择不对"算法透明""算法公开""算法披露"三者作严格区分,行文中,三词将交替出现。

[3] 参见张恩典:"大数据时代的算法解释权:背景、逻辑与构造",载《法学论坛》2019年第4期,第156~157页;高学强:"人工智能时代的算法裁判及其规制",载《陕西师范大学学报(哲学社会科学版)》2019年第3期,第166~167页;刘友华:"算法偏见及其规制路径研究",载《法学杂志》2019年第6期,第63~64页;张淑玲:"破解黑箱:智媒时代的算法权力规制与透明实现机制",载《中国出版》2018年第7期,第51页。

原则的作用。本文旨在揭示，算法透明仅在有限的情境下适用，在多数情境下，算法透明原则既不可行，也无必要。依托对算法透明原则的批判，本文尝试回应一个理论问题：如何规制算法？本文结合学理上事前规制与事后规制、本质主义与实用主义这两对比照，对算法规制理论重构展开初步思考，并借此阐明以算法问责为代表的事后规制手段，可能才是更加得当的规制策略。而算法透明本身，只能在特定情况下，起到一定辅助效果。

二、算法透明原则

无论是在政治学、经济学还是法学领域，透明原则已成为现代政府规制的一条基本准则。早在19世纪中叶，杰罗米·边沁（Jeremy Bentham）和约翰·斯图尔特·密尔（John Stuart Mill）等思想家，就有针对性地讨论过透明原则。这样的讨论，逐渐成为西方自由主义视野的一部分。直至近现代，诸如弗里德里希·哈耶克（Friedrich Hayek）和约翰·罗尔斯（John Rawls）等自由主义理论家，无一例外地都受到这些讨论的影响。在这些西方思想家看来，透明原则的民主政治有着两大根本助益：其一，它可以增强公权力机关的可问责性；其二，它可以保护公民的知情权，保护公民免遭专权独断。[1]

具体到法学领域，透明原则也一直贯穿于现代法律制度之中。套用美国大法官路易斯·布兰代斯（Louis Brandeis）的一句流传甚广的名言——"阳光是最好的消毒剂"。在美国法中，透明原则不但是公法中形式正当程序（Procedural Due Process）

---

[1] Jeremy Bentham, An Essay on Political Tactics, in 2 The Works of Jeremy Bentham 551 (John Bowringed, Facsimile Publisher, 2018); John Stuart Mill, Considerations on Representative Government 80-89 (Henry Regnery Co. 1962).

算法透明原则的迷思

的一个核心原则,〔1〕而且也在某种程度上,通过相关法律制度的构建,塑造了代议制民主制度。〔2〕与之类似,在我国,透明原则也成为公法领域的一项原则要求,并且在制度上有着多重体现,比如规制依据公开、行政信息公开、听证制度以及行政决定公开等。〔3〕

当然,讨论透明原则在规制理论或者政府信息公开中的正当性,已经超出了本文的范围。本文聚焦于透明原则在互联网时代的一个具体延伸——算法透明原则。之所以说是延伸,而非属于相应类目,是因为算法本身并不是由公权力机关所独享,更多地,也会被私营机构所使用。具体而言,民主政治语境下的透明原则,也仅仅是在公权力机关,或者部分带有"公共性"的私营机构使用算法时,才涉及传统公法的透明与信息公开问题。而本文所指的算法透明原则,既适用于政府的算法规制,也适用于私营机构的算法规制;也正是在这个意义上,它有着更丰富的内涵。

虽说有关算法透明的讨论早已有之,但必须承认的是,21世纪初的两次美国总统大选,大大推进了人们对算法透明的关注,可以称得上是"神助攻"。〔4〕2000年大选,首次采用电子

---

〔1〕 Martin H. Redish & Lawrence C. Marshall, Adjudicator, Independence, and the Values of Procedural Due Process, 95 Yale L. J. 455, 478-489 (1986). 有关技术领域,透明原则与形式正当程序的讨论,参见 Danielle Keats Citron, Technological Due Process, 85 Wash. U. L. Rev. 1249, 1254-1255 (2008).

〔2〕 参见[美]迈克尔·舒德森:《知情权的兴起:美国政治与透明的文化(1945-1975)》,郑一卉译,北京大学出版社2018年版。

〔3〕 参见马怀德主编:《行政法与行政诉讼法》,中国法制出版社2015年版,第292~294页。

〔4〕 在此之前,许多有关算法透明的讨论,都局限在技术行业内部,多与开源软件(Open Source)运动有关。其中,最经典的说法,是埃里克·雷蒙德(Eric S. Raymond)在他讨论软件工程的名著《大教堂和市集》提到的 Linux 定律,亦即"只要让足够多双眼睛盯着,所有漏洞都将无处藏身"。参见 Eric S. Raymond, The Cathedral and the Bazaar 9, O'Reilly Media, 1999.

投票器。最终,在沸沸扬扬的布什诉戈尔案(Bush v. Gore)中,投票设备(包括老式打孔机、光学扫描机和电子投票机)的透明性和公正性,成了全社会关注的焦点。[1]作为回应,2002年美国国会通过了《协助美国投票法案》(The Help America Vote Act of 2002),着力推广电子投票器,并配套相应管理措施。之后,大量科技公司看到电子投票器的商机,纷纷涌入这一领域。然而,各类新开发的电子投票器的大规模应用,不但未消旧愁,反而又添新忧:选民们怎么知道这些电子投票机在何时将数据上报到计票中心?而计票中心是不是准确无误地记录下每一个人投出的选票?谁又能确保选票数据统计没有造假或者选票数据库不被黑客攻破?[2]算法透明,被认为是投票监管的一剂良药,因而受到广泛讨论。[3]

---

[1] Bushv. Gore, 531U. S. 98 (2000).

[2] COMM. ONFED. ELECTIONREFORM, Building Confidence in U. S. E-lections (2005), http://www.american.edu/ia/cfer/report/full_report.pdf; Jon Stokes, Howto Stealan Election by Hacking the Vote, ARSTECHNICA, Oct. 25, 2006, http://arstechnica.com/articles/culture/evoting.ars; Greg Reeves, One Person, One Vote? Not Always, Kan City Star, Sept. 5, 2004, at1A; Thad E. Hall&R. Michael Alvarez, Center for Pub. Pol'y&Admin. Univ. of Utah, American Attitudes About Electronic Voting: Results of a National Survey (Sept. 9, 2004), http://www.vote.caltechedu/Reports/fall04survey.pdf, 访问日期:2019年9月20日。

[3] 在2002年的《协助美国投票法案》中,就有诸多条款涉及投票机运行模式的披露(比如第301条款和第303条款)。同样地,电子投票专门委员会也在其指导手册中明文确立了透明原则。参见Procedural Manual for the Election Assistance Commission's Voting System Testing and Certification Program, 71Fed. Reg. 76, 281 (Dec. 20, 2006). 学界对于算法透明原则在电子投票程序的应用更是不胜枚举,比如Bev Harris, Black Box Voting: Ballot Tampering in the 21st Century (Talion Publishing, 2004); Andrew Massey, "But We Have to Protect Our Source!": How Electronic Voting Companies' Proprietary Code Ruins Elections, 27 Hastings Comm. &Ent. L. J. 233, 241-242 (2004); Lillie Coney, A Call for Election Reform, 7J. L. &Soc. Challenges183, 188 (2005); Daniel P. Tokaji, The Paperless Chase: Electronic Votingand Democratic Values, 73 Fordham L. Rev. 1711, 1773-1780 (2005)。

其后，算法应用在广度和深度上的增加，也成为算法透明讨论的一个重要推手，算法透明逐渐成为算法规制领域的一个原则性提议。值得一提的是，学者们对算法透明原则的认识，存在不小差别，这在网络法这类交叉学科研究中，也是十分正常的现象。这种差别，用"言人人殊"来形容，有过于夸大之嫌，但换个说法，用口径不一来形容，应该是恰如其分的。虽说如此，大体而言，大家对于算法透明原则还是有普遍认同的最大公约数——即针对算法的事前规制原则，要求算法的设计方或者使用方，披露包括源代码、输入数据、输出结果在内的算法要素。[1]帕斯奎尔（Frank Pasquale）对于算法透明的理解，更为复杂而深入，他在不同的著述中，曾把算法透明理解为综合源代码公开、算法分析、算法审计等手段合理促成的算法透明，他的这种理解，当然给他的理论带来更强的解释力，但是也在某种程度上模糊了算法透明与其他规制手段的边界，这可能会给理论和实务都带来很大麻烦。因此，本文取狭义上的算法透明概念。

算法透明原则最终的落脚点，是对于算法自动化决策的规制。而算法所主导的自动化决策可以概括为：基于输入数据，通过算法运算，实现结果输出。从这个意义上看，如果对算法没有一个明确的认知，也就无从判断算法自动化决策是否公正。表面上来看，算法透明，就是打开黑箱而将"阳光"洒落整个

---

[1] Paul Schwartz, Data Processingand Government Administration:The Failure of the American Legal Response to the Computer, 43Hastings L. J. 1321, 1323-1325 (1992); Danielle Keats Citronand Frank Pasquale, The Scored Society: Due Process for Automated Predictions, 89Wash. L. Rev. 1, 8 (2014); Frank Pasquale, Beyond Innovation and Competition: The Need for Qualified Transparency in Internet Intermediaries, 104NW. U. L. Rev. 105, 160-161 (2010); Frank Pasquale, The Black Box Society 8-11 (Harvard University Press, 2015).

自动化决策过程的理想手段。

　　与传统的透明原则能带来的优势类似，算法透明同样在可问责性和知情权两个维度发挥作用。其一，算法透明可以让算法操控者变得更具可问责性，一旦出现精确性和公平性的偏差，可以依据所披露的算法来主张算法操控者的责任。更甚之，较之人为治理的透明原则，算法透明原则还隐含着一个算法治理本身的优势，亦即人类决策者的内在偏见和私念很难被发现和根除，但假如我们窥探算法的"大脑"，即整个决策和执行过程，就可以变得更透明、更容易被监督。[1]其二，算法透明也赋予算法规制对象一定程度上的知情权，而这种知情权有利于第三方（尤其是专业人士）实施监督，也有利于算法规制对象依据所披露的算法，在事后对算法决策提出公平性和合理性的质疑。

　　正因为算法透明有着这些好处，许多论者对算法透明原则趋之若鹜。[2]更有乐观的论者认为，只要算法透明，甚至只需源代码公开，就可以解决很多现实中的算法问题。可以说，在当前国内，算法透明原则俨然成为算法治理实践和学术讨论首当其冲的基本原则。

---

[1] 美国有些法律和政策甚至直接将监督等同于透明，比如《自由信息法案》(The Freedom of Information Act)，参见 5 U.S.C. §552 (2012)。类似的立法还有 Federal Agency Data Mining Reporting Act of 2007, 42 U.S.C. §2000 ee-3 (c) (2) (Supp. III 2007)。

[2] Tal Z. Zarsky, Transparent Predictions, 2013 U. Ill. L. Rev. 1503, 1506 (2013); Todd Essig, "BigData" Got You Creeped Out? Transparency Can Help, Forbes (Feb. 27, 2012). 其中，最典型的应当是弗兰克·帕斯奎尔。当然，他本人对算法透明地研究更透彻，自然也对算法透明的局限性有着比较清楚的把握。参见 Frank Pasquale, Restoring Transparency to Automated Authority, 9 J. on Telecomm & High Tech. L. 235 (2011); Frank Pasquale, Beyond Innovation and Competition: The Need for Qualified Transparency in Internet Intermediaries, 104 Nw. U. L. Rev 105 (2010)。

三、算法透明原则可行吗？

算法透明原则本身，是不是一个不容置疑的金科玉律呢？算法透明原则真的那么有用吗？在算法运用越来越广泛、而由此引发的问题越发复杂的情境下，是不是可以说，算法越透明越好呢？答案并不是那么简单。如果单单从美国大选投票算法中的例子出发，我们会很自然地把算法透明原则与自由主义传统下的政治学、经济学和法学中的透明原则密切联系起来。然而，这很可能是以偏概全。一方面，算法透明原则——如果得以践行——无论在外延上，还是在内涵上，都与传统的透明原则有所不同。另一方面，虽然本文第二部分阐述了算法透明原则与传统自由主义下的知情权和可问责性之间存在交叉，但不能否认，比起传统自由主义的透明原则，算法透明原则蕴含着更大的内在张力和具体限制。接下来，本文将分别探讨算法透明原则的两个根本问题：算法透明原则是否可行以及算法透明原则是否必要。本部分通过具体规制情境，考察算法透明原则的可行性问题。事实上，算法透明原则作为一项带有普遍强制性的法律原则，它有可能会与国家安全、社会秩序和私法主体权利等法益相冲突，不具有作为与基本法律原则所匹配的普遍可行性。

（一）算法透明与国家安全

无论古今中外，公开和保密，一直是国家治理中至关重要的理念。[1]具体到算法治理领域。哪些算法可以公开，向谁公开，公开到何种程度，都需要放在国家安全这一棱镜中，着重考察。而对于以国家安全为由的保密义务，许多国家在政策和

---

〔1〕 参见张群：《中国保密法制史研究》，上海人民出版社2017年版；[美]戴维·弗罗斯特：《美国政府保密史》，雷建锋译，金城出版社2019年版。

法律层面都给予了高位阶保护。比如，我国的《国家安全法》《网络安全法》《保密法》以及美国的《国家安全法案》《爱国者法案》等。这些法律在很大程度上，都给相关的算法透明设置了障碍。换言之，当算法透明与国家安全相冲突时，算法透明的可行性必将遭受挑战。

举例而言，为了提高机场安检效率，全球大部分国际机场都采取了抽样安检策略，即在常规安检之外，抽取特定人群进行更严格烦琐的检查。如此一来，既可以保证机场安检的速度，又能给恐怖分子带来一定威慑。抽样的程序，则由算法来执行。假设为了防止对特定群体的歧视性抽样，根据算法透明原则，公众要求公开抽样算法，那么，机场应不应当让算法透明呢？可以想见，一旦算法透明，恐怖分子有可能根据公开的算法进行博弈，谋划规避手段来避免被严格检查，或者根据算法所提供的随机性逻辑来合理定制所需样本试错数量。再比如，假设某次导弹试射演练后，制导系统的算法失灵，致使导弹偏离既定弹道，炸毁民用设施，并造成伤亡。那么，公众是不是可以就此要求算法透明，要求军方公开制导系统的算法呢？后文将提出更合理的解决方案，但就本节所讨论的主题而言，即便公众的诉求完全公平合理，但本案例中算法透明的可行性，也将在很大程度上受到限制。

在上述两个案例中，很显然，如果坚持贯彻算法透明原则，将有可能导致产生国家安全隐患（飞机航路安全与军事设施安全等）。换言之，对于算法透明原则而言，当其与国家安全相冲突时，不可避免地会受到国家安全的限制。比如美国9·11事件过后，以小布什总统为首的保守派政治家，强烈抵制政府在国家安全领域的透明化，声称赢下"反恐战争"的唯一手段，就是让美国变得和它的影子对手一样神秘。[1]于是,以《爱国者法案》为代表,以国家安全为由对抗信息披露的法律政策,也就应运而生。同样,我国在《宪法》第53条,《国家安全法》第4、19、28、29条与《网络安全法》第77条,以及其他法律法规中,都对涉及国家安全、国家秘密的信息披露,进行严格限制。这些都是算法透明原则在不同的适用领域所需面对的重重关卡。

综上所述,由于通常国家安全往往比算法透明背后的考量有着更高位阶的权重,因此,一旦出现这一组对立,国家安全将对算法透明实施"降维打击",这样一来,算法透明原则的可行性就很难得到保证。这便构成了算法透明可行性的第一道也是最难逾越的一道障碍。

(二)算法透明与社会秩序

算法透明也可能与社会秩序背道而驰。我们以当前应用广泛的智能语言测试系统为例。[2]智能语言测试系统的应用,为的是测试的便捷和标准化。语言测试系统的判分算法信息,具有很强的保密性,不能被随意披露。不难想见,一旦这类信息被披露,就很可能让不法分子钻算法的空子,与语言测试系统博弈,也让整个测试无法达到其应有的考察目的。类似的情况也会发生在抽奖活动中,如果抽奖环节所使用的算法一开始就被披露,那么,投机分子就可能采取各种手段——比如破解算法直接干预抽奖环节、选择算法抽奖所青睐的时机和频次进入

---

[1] Julian E. Zelizer, Arsenal of Democracy, Basic Books, 2010. 对于美国国家安全和信息保密的讨论,还可参见 Dana Priest and William Arkin, Top Secret America: The Rise of the New American Security State, Hachette Book Group, 2011。

[2] 参见王金铨、陈烨:"计算机辅助语言测试与评价——应用与发展",载《中国外语》2015年第6期,第76~81页;张艳、张俊:"我国计算机辅助语言测试研究现状",载《中国考试》2017年第5期,第47~53页。

抽签环节——博弈，以及操纵抽奖结果等。

当然，网络空间中最经典的例子，当属搜索引擎优化（Search Engine Optimization）。起初，搜索引擎服务提供商，曾乐于践行算法透明，将其搜索引擎算法公之于众。比如，谷歌早期的 Page Rank 排名算法的排序标准就曾公之于众。[1]然而，出乎谷歌意料的是，某些恶意网站（尤其是内容农场、[2]商业广告网站、钓鱼网站、恶意代码网站等）利用这些被披露的排序算法，玩起了"猫捉老鼠"的游戏——采取搜索引擎优化来与谷歌排序算法展开博弈，让一些本不应被优先排序的网站，挤进了搜索结果的靠前位置。如此一来，人们也就更难通过谷歌得到理想的搜索结果。换句话说，谷歌 Page Rank 排名算法越透明，其搜索结果排名就越容易被博弈和操控，最后影响到公众对于搜索引擎的体验。也正因如此，谷歌以及其他搜索引擎，逐渐收紧算法披露，到最后，谷歌几乎明确拒绝算法透明，甚至将已公开的算法作出秘密调整。就这样，谷歌搜索引擎算法彻底变成黑箱，而这个黑箱，反倒成了公众获得理想搜索结果的保障。

上述案例仅仅涉及算法程序披露，而对于输入数据（作为

---

〔1〕 有关谷歌搜索引擎的技术细节和商业模式，参见 Siva Vaidhyanathan, The Googlization of Everything, University of California Press（2010）；Amy N. Langville and Carl D. Meyer, Google's Page Rankand Beyond, Princeton University Press（2012）。

〔2〕 内容农场（ContentFarm）是纯粹以获得在算法排名高排位目的，雇佣大量人员来粗制烂造各类热门内容，以迎合搜索引擎算法需要的一类公司。有关内容农场以及谷歌与内容农场之间的博弈，参见 Daniel Roth, The Answer Factory Demand-media and the fast, disposable, and profitable a shell media model, WIRED；https：//www.wiredcom/2009/10/ff-demandmedia/；Ryan Singel, Google Clamps Downon Content Factories, WIRED, https：//wwwwired.com/2011/02/google-clamp-down-content-factories/，访问日期：2019 年 9 月 20 日。与 Duck Duck Go 和前两年刚刚被 IBM 收购的 Blekko 这类小搜索引擎不同，谷歌拒绝在其英文搜索引擎中设立黑名单，这也给内容农场及其派生网站留下了更大的博弈空间。

算法的一部分）披露的案例更是不胜枚举。屡屡出现的计算机考试漏题案件，就属于这类输入数据披露对于社会秩序的影响。[1]篇幅有限，不一一赘述。由此可见，算法透明在实践中可能会与社会秩序发生冲突，这便是算法透明可行性的第二道障碍。

（三）算法透明与私主体权利

算法透明原则，将不可避免地带来信息披露，而在遍布私主体信息的当代社会，信息披露将很可能与私主体权利（尤其是个人隐私、商业秘密和知识产权）相冲突。比如，在金融信贷、个人征信和医疗诊治等领域，算法已经得到普遍应用，这些领域中的法定保密义务和约定保密义务，会给算法透明原则的实现造成很大阻碍。这是因为在被披露的算法中，往往既涉及敏感的个人隐私，也涉及关键的商业秘密和知识产权。这些敏感信息或机密信息，可能作为算法程序的一部分，或者可能作为输入数据、输出结果，甚至可能兼而有之。

上述此类信息披露，势必与隐私保护、商业秘密保护、知识产权保护等法律法规或合同约定相冲突，并受到后者的限制。这一现象在金融信贷领域最为典型，且不说用户个人隐私屡屡成为金融机构拒绝透明的挡箭牌，金融机构还常常利用专利权、版权、商业秘密甚至商标权等私权，来对抗算法透明。[2]当然，就如下文将要讨论的 States vs. Loomis 案那样，开发算法的公司所最常使用的抗辩，依然是将算法作为商业秘密来寻求法律保护。[3]类似的情况，不胜枚举。

---

〔1〕"托福考题疑泄露官方公布举报邮箱"，载《新京报》2015年2月1日。

〔2〕Brenda Reddix Smalls, Credit Scoring and Trade Secrecy: An Algorithmic Quagmireor How the Lack of Transparency in Complex Financial Models Scuttled the Finance Market, 12U. C. DavisBus. L. J. 87, 91 (2011).

〔3〕State v. Loomis, 881N. W. 2d749 (Wis. 2016).

本文可以继续堆砌案例，但上述案例足以表明，算法透明原则并不是一个普适原则。当然，反过来说，这并不表明算法透明原则在任何情境下都不可行；这也不表明，一旦出现与上述三种考量因素的冲突，算法透明原则就必然走投无路。即便与三种制约因素存在冲突，但只要冲突是在合理范围之内，其可行性也依然存在。比如，前文提到的投票机案例，如若将投票机的算法公之于众，无论是从国家安全、社会秩序、私主体权利等哪个角度来看，他们对可行性的阻碍均很难成立。唯一可能存在的隐患是，假如投票机的算法公开，会增加不法分子侵入系统篡改投票结果的风险，但是这样的风险，可以在技术上和监管上加以限制。[1]

综上所述，本部分从国家安全、社会秩序和私主体权利等三个方面，质疑算法透明原则的可行性。换言之，算法透明原则至少会受到上述三方面考量的限制，并非放之四海而皆准。

四、算法透明原则必要吗？

本文第三部分论证了算法透明并不是一个普适原则，在一些情况下并不可行。接下来要回应的问题是：即便是在算法透明可行的情形下，算法透明原则是否具有必要性？显然，比起可行性问题，更麻烦的问题是，当人们好不容易克服可行性障碍而最终实现算法透明时，却发现算法透明仍然无力兑现其规制承诺。对于算法透明必要性这一问题，本部分将从两个方面分别展开论述。正如本文第二部分所提到的，算法透明就是打开黑箱、洒下"阳光"。那么，我们首先要回答：算法透明是不是

---

[1] 换句话说，选民们本身并不因为算法透明，就可以在投票环节博弈去操纵结果。这与智能判卷算法有所不同，这是由于答卷人对于系统的投机性博弈（比如对于答卷模式进行调整，以迎合算法评分需求），超出了系统控制范围之外。

就等于算法可知？如果这一前提条件不能成立，或者不能完全成立，如果"黑箱套黑箱"或者"阳光洒落在一块谜团上"，那么，算法透明原则所能带来的诸多益处，也就仍然无法兑现。

（一）算法透明≠算法可知

在一些学者看来，算法透明就足以帮助我们了解算法的所有奥秘。如果说在早前技术尚未精进的时代有这种说法，倒可称得上是值得商榷，[1]但在现如今还秉持这一观点，则让人难以理解。在笔者看来，算法透明不等于算法可知。在它们之间，至少存在如下四道障碍：披露对象的技术能力、算法的复杂化、机器学习和干扰性披露。

披露对象的技术能力这一问题，是比较好理解的。当披露对象是非计算机专业人士时（比如与公共政策和法律裁判关系密切的法官、陪审员、执法官员和普通公众），算法本身是难以辨识的。他们的技术能力有所欠缺，因此，即便向他们披露源代码和相关技术细节，可对他们而言，代码即乱码、算法像魔法，可能还是无法搞清自动化决策究竟是怎么做出的。外行只能看热闹，内行才能看门道。不可否认，外行可以借助内行来帮忙（比如专家证言），但这其中，可能会有成本和偏差。

如果说上述第一个障碍是阻挡外行的门槛，那么，后面三个障碍，就把外行内行统统拒之门外。先说算法的复杂化。事实上，即便是简单的算法，也存在不可知的情况，比如计算机领域著名的莱斯定理（Rice's Theorem），就证明了某类算法的不

---

[1] [美] 劳伦斯·莱斯格：《代码 2.0：网络空间中的法律》，李旭、沈伟伟译，清华大学出版社 2009 年版，第 154~167 页；Danielle Keats Citron, Technological Due Process, 85 Wash. U. L. Rev. 1249, 1308-1309 (2008)；David M. Berry & Giles Moss, Freeand Open Source Software: Openingand Democratisinge Government's Black Box, 11 Info. Polity21, 23 (2006)。

可知属性。[1]随着技术的不断演进、算法分工的不断精细以及社会生活对于算法需求的不断提升,大量算法变得愈发复杂。此处之所以着重强调复杂性,是因为复杂算法的不可知情况更具代表性——它既包含了单一算法本身的原因,也包含了更普遍的、多组算法模块交互的原因。而算法的复杂化,会给算法的解释工作带来很大难度。[2]当然,这在计算机科学发展史上并不新鲜。计算机工程师应对这一问题的通行做法是:将算法系统模块化。[3]对于模块化后的算法,计算机工程师再分别解释各部分子算法,各个击破,最后通过重新组合,解释整个算法系统。[4]虽然通过模块化的分工,可以解决一部分复杂算法的解释问题,[5]但即便如此,就连计算机工程师也承认,算法复杂化模块化,会令各个部分算法之间的相互反应变得不可预测。[6]与此同时,如果要保证模块化处理运行顺畅,就需要在算法系统设计之时,进行整体规划;否则,复杂算法的模块化解释,也很可能达不到预期效果。在很多情况下,复杂算法应用和交互(比如API和云计算)无法确保我们从多个模块解释的组

---

[1] 参见 H. G. Rice, Classes of Recursively Enumerable Sets and Their Decision Problems, 74TRANSACTIONSAM. MATH EMATICALSOC'Y358 (1953)。

[2] Katherine Noyes, The FTCIs Worried About Algorithmic Transparency, and You Should Be Too, PCWorld (Apr. 9, 2015).

[3] Edsger W. Dijkstra, The Structure of the "THE"——Multiprogramming System, 11COMM. ACM341, 343 (1968).

[4] Id. at 344. Helen Nissenbaum, Accountability in a Computerized Society, 2 Sci. & Engineering Ethics25, 37 (1996).

[5] [美]卡丽斯·鲍德温、金·克拉克:《设计规则》,张传良等译,中信出版社2006年版,第172页。

[6] [美]卡丽斯·鲍德温、金·克拉克:《设计规则》,张传良等译,中信出版社2006年版,第225页。

合中，或者与其他算法的交互中，对算法进行准确解释。[1]简言之，算法的复杂化加大了我们理解算法的困难；而模块化这一解决进路，如果不是在算法系统设计之初就事先规划，也不能很好地解决复杂算法的解释问题。

相比算法的复杂性，机器学习对于算法可知的挑战，吸引了更多关注。[2]传统算法要求计算机工程师事先指定一个表示结果变量的运算模式，作为以特定方式选定解释变量的参数，以此来决定输出结果。与传统算法不同，机器学习，作为一种更智能、更动态的算法，其运算不受固定参数所控制，也正因此，机器学习并不要求工程师事先指定运算模式。[3]当然，"不要求"不等于"不能够"，机器学习的门类中，也存在计算机工程师事先指定运算模式和控制学习材料的监督学习，与之对应的是运算更为自由而不可控的无监督学习和强化学习。对于这三种机器学习算法的通行分类，笔者无意展开技术分析。唯一与本部分论证有关的是，相对于后两者而言，计算机工程师对于监督学习的把控度更高。对于后两者，只要机器学习算法正在动态运行，我们就无法控制他们如何组合和比较数据，自然也无法顺利地解释机器学习算法本身。

而与算法可知直接相关的是，对于机器学习算法，其运算的函数关系不一定是固定清晰的数据集合。我们既无法保证机

---

[1] Sendil K. Ethiraj&Daniel Levinthal, Modularity and Innovationin Complex Systems, 50 MGMT. SCI. 159, 162（2004）；Richard N. Langlois, Modularity in Technology and Organization, 49J. Econ. Behavior& ORG. 19, 24（2002）.

[2] Will Knight, The Dark Secret at the Heart of AI, MIT Technology Review（April11, 2017）；Andrew D. Selbst&SolonBarocas,The Intuitive Appeal of Explainable Machines, 87Fordham L. Rev. 1085（2018）.

[3] Richard A. Berk, Statistical Learning From Regression Perspective13, Sprirger（2018）；Cary Coglianese&David Lehr, Regulating by Robot：Administrative Decision Making in the Machine Learning Era, 105Geo. L. J. 1147, 1156-1157（2017）.

器学习过程代表任何一组真实关系,也无法通过此刻的因果关系,推导未来的因果关系,因为算法本身不断学习、不断变化,在算法披露的那一刻过后,披露的算法就已经过时。古希腊哲学家赫拉克利特那句名言"人不能两次踏进同一条河流"在机器学习中找到了最好的印证。最典型的例子,便是智能广告推送算法,上一秒出现的推送结果,算法会根据你是否在页面停留或点击推送,进而计算出下一秒的推送结果。再比如,大部分垃圾邮件过滤算法,都使用邮件地址和 IP 地址的黑名单,应用最为广泛的,便是 Spamhaus,其邮件地址和 IP 地址也是根据用户举报和自身机器学习实时更新,换句话说,其这一刻不在黑名单上的邮件地址和 IP 地址,很可能在下一刻就会上黑名单。[1]

  由于机器学习的决策规则本身,是从被分析的特定数据中不断生成的,因此,除了极少数被严格控制的监督学习以外,我们根本不能考察静态的源代码或原始数据,无法用这样一种刻舟求剑的进路,来推断机器学习算法的运算结果。也就是说,对于绝大部分机器学习的输出结果,无论输入和输出的因果关系在表面上看起来多么直观,这种因果关系都很可能无法被根本解释,其动态的变化也更难以把握。[2]更重要的是,对于机器学习(尤其结合了强人工智能和神经网络等技术的机器学习)而言,输入数据的变化和累加使得算法推算结果背后的深层原因变得难以把握,在这个意义上,它本身就是一个无法实现透明的"黑箱"。而且,机器学习所推导的"因果关系"在很大程度上取决于输入数据,这类因果关系只能是统计意义上的因

---

  [1] SPAMHAUS, https://www.spamhaus.org/sbl, 访问日期: 2019 年 9 月 20 日。
  [2] Cary Coglianese&David Lehr, Regulating by Robot: Administrative Decision Making in the Machine Learning Era, 105Geo. L. J. 1147, 1156-1157 (2017).

果关系，它与规范意义上的因果关系存在一道难以跨越的鸿沟。例如，谷歌研发的强化学习算法——Alpha Go。设计Alpha Go的计算机工程师，都是棋力一般的业余爱好者，无法与柯洁、李世石这样的顶尖高手较量。但恰恰是这些工程师设计的Alpha Go把顶尖高手一一击败。[1]可以想见，这些工程师本人是没有办法一一解释Alpha Go的每一步棋招——如果工程师真的能理解每步棋的奥妙，那么他们自己可能就是世界冠军了。换言之，Alpha Go通过机器学习习得的竞技能力，工程师根本无法企及，他们的每一步棋，也自然超出了工程师的理解范畴。

最后一个阻碍算法透明向算法可知转化的障碍，是干扰性披露。与前三个与透明直接冲突的原则不同，干扰性披露本身，也可以被看成是算法透明的一种方式。它通过披露大量冗余干扰性数据，混杂在关键数据中，以此妨碍解释关键数据内容。也正是在这个意义上，干扰性披露是算法透明的一个典型悖论，亦即，公开的越多，可能对算法关键内容的理解就越困难。

其实，在《黑箱社会》一书中，帕斯奎尔就论述过这个现象，他称之为"混淆"（Obfuscation），其内涵与干扰性披露是一致的，就是指刻意增加冗余信息，以此来隐藏算法秘密，带来混淆。值得一提的是，帕斯奎尔的《黑箱社会》里，更多是指出黑箱社会或者说算法不透明带来的问题，而关于解决之道，他也并非一味奉行算法透明。[2]哪怕极力主张算法透明的帕斯奎

---

[1] EricMack, Google's Alpha Go Zero Destroys Humans Allon Its Own, CNET, (Oct. 20, 2017); David Silver et al, Mastering the Gameof Gowith Deep Neural Networks and Tree Search, 529NATURE484, 484 (2016); David Sliver et al., A General Reinforcement Learning Algorithm That Masters Chess, Shogind Go Through Selfplay, SCIENCE 62, 1140-1144 (2018).

[2] Frank Pasquale, The Black Box Society 6-8, Harvard University Press (2015).

尔,也承认干扰性披露本身,也是算法黑箱的始作俑者之一。[1]因为公开的算法内容越多、信息量越大,算法分析的工作量和难度也会随之增加,在这个意义上,我们也与算法可知越来越远。这就好像有些公司为了妨碍会计审查,有意披露大量的冗余材料,让调查人员不得不在几万份材料里大海捞针。而干扰性披露的存在,不但妨碍了算法可知,而且从另一个角度也强化了本文对于算法透明必要性的质疑。综上,算法透明不等于算法可知,甚至有可能会妨碍算法可知。算法透明并不是终极目的,它只能是通向算法可知的一个阶梯。并且,这一阶梯也并非必由之路,这一点,将会在本文第五部分进行论述。因此,对于某些算法,即便算法透明,如果未能达到算法可知,也是于事无补,甚至适得其反。事实上,这是算法透明原则与传统公法上的透明原则所存在关键区别。传统公法上的透明原则,无论是立法上的透明,还是执法与司法上的透明,尽管不能百分百排除明修栈道、暗度陈仓的可能,但大体上,社会公众都能对所披露的信息(文本、音视频内容)有着较为明晰的认识。而算法透明原则却不尽然。一旦透明之后亦不可知,其透明性所能带来的规制效果也就无从谈起;更甚之,像干扰性披露那样误导披露对象,反而会减损而非增强规制效果。

(二)算法透明不能有效防范算法规制难题

对于算法必要性的第二个质疑,涉及算法规制的实践。此处所要讨论的问题是:即便算法透明原则可行,那么,其是不是就像一些学者认为的那么必需,那么灵验,能防范算法歧视、算法失灵以及算法共谋等各类算法规制难题?本文认为,究其本质,算法透明原则仅仅是一种事前规制方式,我们不能夸大

---

[1] Frank Pasquale, The Black Box Society 8, 16, Harvard University Press (2015).

其在规制中的效用。

首先，算法即使透明、可知，也不意味着算法问题必然能被发现。单就算法漏洞而言，就包括了输入漏洞、读取漏洞、加载漏洞、执行漏洞、变量覆盖漏洞、逻辑处理漏洞和认证漏洞等。[1]这些漏洞中的一部分，的确可通过算法透明防患于未然，但另外的部分，却需要在算法执行过程中，才能被发掘并加以解决。比如，著名的Heartbleed安全漏洞，从程序开发到安全漏洞被发现，用时整整两年，而该算法是开放源代码，完全符合算法透明原则——算法透明原则并不能帮助工程师在两年间发现这一漏洞。[2]

其次，即便算法透明，计算机工程师也不能确切预测算法与外部运行环境的交互。对于一些算法而言，它们的运行，需要依赖于外部环境，比如外部软件[3]和外部客观条件等。例如，对于航空智能控制程序，需要根据特定时间的风向、风速、天气状况、飞机飞行角度等诸多外部客观条件，来决定具体输出的结果。而最近波音飞机由于算法失灵接连发生两起坠机事故，恰恰证明，即便算法透明，我们也无法有效避免算法失灵。而有赖于云计算、API等技术，目前算法与外部环境的交互已变得越来越频繁，这种交互带来的情境变化，让算法透明更加无力承担化解算法问题的重任。

最后一点，也和算法透明的事前规制性质有关。即便算法

---

〔1〕参见尹毅编著：《代码审计：企业级Web代码安全架构》，机械工业出版社2016年版，第98页。

〔2〕Zakir Durumeric et al., The Matter of Heartbleed, 14 ACM Internet Meas-urementConf. 475 (2014).

〔3〕Managing Software Dependencies, GOV. UKService Manual, https://www.gov.uk/service-manual/technology/managing-software-dependencies，访问日期：2019年9月10日。

透明，在执行算法的过程中，仍然无法保证排除第三方干预，从而影响最终结果。就像克鲁尔（Joshua A. Kroll）等人所指出的那样："不管算法有多透明，人们仍然会怀疑，在他们自己的个案中，公开的算法规则是否真的被用来做出决策。尤其是当这个过程中涉及随机因素时，一个被安检抽查或被搜身的人可能会想：我难道真的是被公平的规则选中了吗？还是决策者一时兴起，挑中了我？"[1]比如，在 State v. Loomis 一案中，一位名为卢米斯（Eric Loomis）的犯罪嫌疑人，被 COMPAS（Correctional Offender Management Profiling for Alternative Sanctions）算法裁判为"累犯风险较高"。[2]COMPAS 通过算法计算出罪犯在前次犯罪后两年内的"累犯风险"，而算法所依据的是罪犯的各项生理特征和社会背景。COMPAS 通过算法，可以给每一位罪犯计算出他的"累犯风险指数"。诚如卢米斯的诉状所主张的，不管 COMPAS 算法有多透明，他仍质疑，在自己的案例中，公开的算法规则是否真的被用来作出决定。再比如电子酒精测试仪的算法。算法的披露，并不能保证测试结果的公正。在执行过程中，探头可能老化失灵、执法人员可能因操作失误、受贿、种族性别歧视而有意控制探测部位等等，规制程序的诸多环节，都可能使透明算法规则导出不公正的裁判。换句话说，如果我们在算法公开和被披露之后，在执行算法的环节，受到算法之外的第三方因素介入，就像电子游戏的"外挂"或者黑客入侵程序一样，仍然可能导致算法得出不公正的结果。[3]而这些算法规制的问题，是所有事前规制手段的一个盲区。在

---

[1] 参见［美］约叔华·A. 克鲁尔："可问责的算法"，沈伟伟、薛迪译，载《地方立法研究》2019 年第 4 期，第 102~150 页。

[2] State v Loomis, 881N. W. 2d749 (Wis. 2016).

[3] James Grimmelmann, Regulation by Software, 114 Yale L. J. 1719, 1741-1743（2005）.

此，笔者并不是想证明，除了算法透明原则之外，其他的规制手段在应对执行环节的问题时，就能无往不利。本文只想指出，算法透明原则作为一项事前规制，有着它自身的局限，它并不能提供解决算法问题的万灵药方。而算法不透明也可能有其自身的价值（比如隐私保护、国家安全等），一味强调透明，非但不能保证解决现有问题，还可能带来新的算法规制问题。

五、算法透明的合理定位和算法规制的重构

从算法透明的可行性和必要性两个维度而言，该原则在算法治理中存在缺陷和不足。尽管如此，我们不能否认，算法透明原则仍然在某些情境下，有其适用的可行性和必要性。于是，本部分结合其他相关规制模式，探讨算法透明原则在算法规制中的地位问题，并进一步重构目前的算法规制理论。

（一）计算机科学角度的算法透明

首先，我们来考察一下计算机科学角度的算法透明。美国计算机协会（Association for Cmputing Machinery）作为算法治理的业界权威，在2017年，公布了算法治理七项原则（见下表）。[1]

---

[1] Association for Computing Machinery Public Policy Council, Statement on Algorithmic Transparency and Accountability (Jan. 12, 2017), https://www.acm.org/binaries/content/assets/public-policy/2017_usacm_statement_algorithms.pdf, 访问日期：2019年9月10日。

美国计算机协会（ACM）算法治理七项原则

序号	原则	基本内容
1	知情原则	算法所有者、设计者、操控者以及其他利益相关者，应该披露算法设计、执行、使用过程中可能存在的偏见和可能造成的潜在危害
2	访问和救济原则	监管部门应该鼓励落实相关机制，确保受到算法决策负面影响的个人或组织，享有对算法进行质询并救济的权利
3	可问责原则	即使使用算法的机构无法解释算法为何会产生相应结果，它们也应对算法决策结果负责
4	解释原则	我们鼓励使用算法的机构解释算法运行步骤以及具体决策结果
5	数据来源处理原则	算法设计者应该说明训练数据的采集方法以及数据收集过程中可能引入的偏见；对于数据的公共监督最有利于校正数据错误；处于隐私保护、商业秘密保护、避免算法披露后的恶性博弈等事由，可以只对适格的、获得授权的个人进行选择性披露
6	可审计原则	模型、算法、数据和决策结果应有明确记录，以便必要时接受监管部门或第三方机构审计
7	检验和测试原则	使用算法的机构应该采取有效措施来检验算法模型，并记录检验方法和检验结果；使用算法的机构尤其应该定期采取测试来审计和决定算法模型是否将会导致歧视性后果，并公布测试结果

从上述列表中，我们可以得到四个有关算法透明的教益。第一，知情原则对应的是算法透明中算法规制对象的知情权这一面向。但是，计算机工程师对于算法透明中的"知情"有更务实的把握——直接公开源代码不等于知情；而且，我们还需关注更深层次的"知情"，亦即"算法设计、执行、使用过程中可能存在的偏见和可能造成的潜在危害"。

第二，计算机工程师对于算法透明的功用，有着更为清醒的认识,他们认为即便是公开和披露算法,也无法确切把握最终运算结果。于是,他们使用了"可能存在的偏见"(第1项和第5项)和"可能造成的潜在危害"(第1项)这样的模糊字眼,其所隐含的信息是,我们对算法的认知,只能力图接近,但很难确切把握。这与部分法律人对算法透明脱离实际的期许,形成鲜明对比。

第三,计算机工程师明确意识到,算法披露本身,也受到其他条件的制约,比如第5项提到的隐私保护、商业秘密和恶性博弈。而这些制约,正如本文第三部分论述的那样,与算法透明的可行性有着持久的张力。尽管限制披露对象(只对适格的、获得授权的个人进行选择性披露),可以缓和这种张力,但这也无法根本解决所有冲突。

第四,对于前文讨论的算法规制的两大类别,计算机工程师所关注的,是事后规制,而非事前规制。除了第1项的部分内容和第5项之外,其余手段大体上均为可以纳入事后规制范畴。

从上述分析我们可以看出,计算机工程师——作为对算法技术比较熟悉的专家——对算法透明的局限,有着清醒的认识。一般而言,工程师更关心技术的细节,而法律人更关心技术所带来的权利、义务和责任。照此逻辑,比起法律人,工程师应该更关注算法透明所能带来的对于技术细节的理解及其对算法规制的意义。然而,在计算机工程师眼里,算法透明却并不处于算法规制的核心地位,这很能说明问题——要么就是算法透明,由于客观原因而难以实现,或者即便能够实现,也无法确保他们对于技术细节的理解;要么就是算法透明本身不足以让我们能够解决相应的算法规制问题。或许正是因此,以美国计算机协会为代表的业界,并未对算法透明报以奢望,而是倾向于以事后规制（如救济、审计、解释、验证、测试、问责等）为主的规制策略。[1]

(二) 算法透明原则的合理定位

算法透明原则仅仅是一种事前规制方式，尽管在某些情形下有可能实现"防患于未然"的作用，但我们并不能夸大其在规制中的效用。算法透明并不是终极目的，它只能是通向算法可知的一个阶梯。而算法可知，最终也要服务于其他规制手段。这一点与上述计算机工程师对算法透明的定位相吻合，也可以呼应透明原则的传统政治学定位。

更重要的是，算法透明所能带来的规制效用，在很大程度上，可以被以算法问责为代表的事后规制手段所涵盖。算法规制最成熟的实例之一，便是美国对于P2P算法在音视频内容分享领域的规制。P2P算法本身只是一种更为高效的文件传输技术，但在它问世之后迅速被用来传播音视频文件，其中大部分都是盗版内容。为了治理这类算法滥用，音乐电影产业和互联网公司合力推动了版权立法和司法，而这种规制，更多地是以事后算法问责的形式出现。对于版权领域的算法问责机制，美国法在传统上有着多个层级的民事或刑事责任可以被运用，比如法人责任（Enterprise Liability）、替代侵权责任（Vicarious Liability）、帮助侵权责任（Contributory Liability）和产品责任（Product Liability）等。[2]这一系列算法问责机制，对于算法的设计、执行和使用各个环节，都具有规制力。而算法本身，或者说算法透明所指向的算法可知，对于厘清侵权事实或许有一

---

[1] 类似地，国内业界对于人工智能和深度学习软件进行规制时，主要也采取了事后规制的手段。参见中国人工智能开源软件发展联盟发布的《人工智能 深度学习算法评估规范》，2018年7月1日。

[2] Alfred C. Yen, Internet Service Provider Liability for Subscriber Copyright Infringement, Enterprise Liability, and the First Amendment, 88 Geo. L. J. 1833 (2000).

定帮助，但却不是问责机制的重点。哪怕曾被P2P技术案件中所关注的"中心服务器模式"和"去中心服务器模式"的区分——可以通过算法透明来厘清——也可以在随后的判例中被消解，法官后来只看重算法在后果上是否构成法律意义上的"帮助侵权"，而不是技术层面的"中心服务器模式"和"去中心服务器模式"的区分本身。[1] 正如前文分析所示，无论是从技术现实角度，还是从法理逻辑角度，算法透明都难以承担算法规制基本原则这一定位；充其量它也只能扮演一个辅助角色。打个比方，算法透明原则在算法规制中的地位，就类似于《福尔摩斯》中的华生医生——他对于简单的案件事实调查和分析可能对福尔摩斯办案有帮助，但不是每个案子都派得上用场。弄清了算法透明作为华生医生这一定位，下文将给出线索，帮助我们寻找算法规制领域真正的"福尔摩斯"。

（三）算法规制的重构

正如前文所述，传统政治经济学对于透明原则的考量，出发点都和限制公权力密不可分。一方面，透明原则可以加强对于政府的可问责性；另一方面，透明原则也可以赋予公民更大的知情权。然而，传统透明原则与本文所讨论的算法透明原则，在内在逻辑和实际应用方面，都有所不同。尽管政府也开始逐步使用算法施政，但目前大部分算法（包括大部分政府所使用的算法）都是由公司所开发，且这些算法的行为后果也不仅仅限于公民（也可能包括政府本身），因此，对于透明原则所能带

---

[1] 有关P2P技术的几个经典判例，参见 A&M Records, Inc. v. Napster, Inc., 239F. 3d1004（9thCir. 2001）；Inre Aimster Copyright Litig., 334F. 3d643（7th Cir. 2003）；Metro Goldwyn Mayer Studios Inc. v. Grokster, Ltd., 545 U. S. 913（2005）。到了2005年的Grokster案，法官已经摒弃了原有的技术层面的"中心服务器模式"和"去中心服务器模式"的区分，而将案件的焦点放在帮助侵权责任与替代侵权责任的问题中。

来的强化政府可问责性和公民知情权两方面理据,并不能——至少不能完全——适用于算法透明原则。更重要的是,正如前文所述,比之传统政治经济学上的透明原则,算法透明原则在可行性和必要性上有着很大瑕疵。换句话说,在实际应用层面上,算法透明原则也难以兑现我们对传统透明原则所期待的规制效果。

当然,本文前面的内容,集中讨论了算法透明原则在算法治理中的应用及其限制。可到目前为止,本文还没有具体展开"如何规制算法"这一核心问题。基于我们对算法透明的合理定位,接下来,本文将抛砖引玉,提出算法规制重构方面的一些思考。由于算法透明在规制效力上的不足和限制,它仅仅能在一些情境下作为辅助规制手段。在应用特定的技术措施来矫正算法问题之后[1]的事后规制,尤其是算法问责,应该是法律人所更应关注的重点。[2]

通常而言,事前规制注重于损害发生之前的防范,而事后规制则注重损害发生之后的解决。就像 P2P 算法规制所揭示的那样,对于这两种不同规制进路的强调,有着强烈的现实意义。并且,如果我们从成本—收益分析的维度切入这一现实意义,就可以看得更加清晰。事前规制往往在损害防范成本低于损害发生成本时,被优先采用。[3]在算法规制这一领域,如前所述,

---

〔1〕 对于具体技术措施,可以参考克鲁尔等人的文章,其中提及四种常见的矫正算法规制问题的技术措施,亦即软件 检验、加密承诺、零知识证明和公平随机选择。参见 [美] 约叔华·A. 克鲁尔等:"可问责的算法",沈伟伟、薛迪译,载《地方立法研究》2019 年第 4 期,第 102~150 页。这一部分前置程序,并非本文讨论的重点,但需要强调的是,多种事后规制手段,都 可能反过来倒逼相关技术措施的开发与应用。

〔2〕 参见中国人工智能开源软件发展联盟 2018 年 7 月 1 日发布的《人工智能深度学习算法评估规范》。

〔3〕 Steven Shavell, Foundations of Economic Analysis of Law 87 - 91, 428 - 430, 479 - 482, Harvard University Press (2004).

算法透明作为事前规制模式的一种，其防范损害发生的成本太高（尤其在面对机器学习和人工智能之时），而同时收效也没有保证。必须承认，技术发展是一个动态的、多维度的过程。如果未来可以回到我们在算法原初之时对它的把握和认知，那么算法透明的成本是可以降低的。但就目前我们看到的趋势，正好与之相悖。2019年图灵奖就颁给了研究人工智能和深度学习的几位科学家，而他们的研究成果，恰恰是增加算法透明的成本。即便损害发生的成本很高（比如飞机失事），也不能保证算法透明这一事前规制模式是经济学上的更优选项。而事后规制在成本方面的好处主要有两点：其一，事后规制把一些很难获知且不一定有用的技术细节，利用事后规范或者追责的方式抹平——我们把注意力集中到通过责任分配等手段来解决，而从成本—收益角度跳出了泥潭；其二，比之事前规制，事后规制在信息成本方面有着天然优势[1]——行为和后果往往在事后更容易得到明确，这点对于复杂算法所引发的后果尤其显著。本文限于篇幅，无力对算法规制作出细化的成本—收益分析，但总体而言，笔者认为，事前规制在多数情况下，并非算法规制的更优选项，而作为事前规制手段的算法透明，更由于其在可行性和必要性上的不足，比之其他事后规制手段，其成本收益更显劣势。

除了成本—收益考量之外，这两种进路的对比，也在某种程度上，折射出更深层次的两个算法规制理论面向：本质主义（Essentialism）和实用主义（Pragmatism）。这不禁让人想起几年前，雷恩·卡洛（Ryan Calo）和杰克·巴尔金（Jack Balkin）关于机器人规制的辩论。

---

[1] 有关事后规制在信息成本方面优势的经典论述，参见 Richard A. Posner, Economics Analysis of Law 490-91, 8th ed., Wolters Kluwer Law&Business (2011)。

对于机器人的规制，卡洛秉持本质主义进路，关注其机器人的技术特性，认为我们一定要先搞清楚机器人的技术特性，然后再根据这些技术特性，来实施对技术的规制。[1]巴尔金对卡洛本质主义的批判非常有力也富有启发。他指出，包括卡洛本人在内的几乎所有当代美国法律人，都受到霍姆斯大法官的法律现实主义的影响。[2]而按照法律现实主义者对于法律与技术的理解，技术特点其实并不那么重要，真正重要的是技术的应用方式以及这些应用所带来的、以权力配置为代表的社会关系变化。这是由于技术的背后，还存在着人们怎么使用、博弈甚至规避技术这些具体实践。而就像乔纳森·兹特芮恩（Jonathan Zittrain）提到的创生性（Generative）技术那样，人们在使用技术的时候，往往会背离开发人员的初衷，也可以有很多变化，并在使用过程中不断地改进技术。[3]法律人应该关注这些技术变动背后的社会关系变动，而不是变化的技术本身。这显然是非常霍姆斯也非常实用主义的观点。

让我们回到 P2P 技术的例子。究其本质，P2P 技术就是一个共享文件的软件，但迅速被用来传播盗版音视频文件，并且依据这一特定需求，而开发出很多新的附带播放、缓存、去中

---

〔1〕 Ryan Calo, Robotics and the Lessons of Cyber Law, 103Cal. L. Rev. 513 (2015).

〔2〕 Jack M. Balkin, The Path of Robotics Law, 6Cal. L. Rev. Circuit45 (2015). 巴尔金将其文章标题取为 "The Path of Robotics Law"，为的是呼应霍姆斯法官的经典文章 "The Path of Law"。参见 Oliver Wendell Holmes, Jr., The Path of the Law, 10 Harv. L. Rev. 457（1897）。霍姆斯法官在文章中强调：由于法律是社会生活综合力量所推动而成，我们应当从其社会功能和具体适用角度，来理解法律。事实上，不单单是美国法学界受到实用主义的影响，实用主义的痕迹遍及整个 20 世纪的美国社会科学界。参见 [美] 多萝西·罗斯：《美国社会科学的起源》，王楠、刘阳、吴莹译，生活·读书·新知三联书店 2019 年版，第 55 页。

〔3〕 Jonathan Zittrain, The Future of the Internet: And How to Stop It 67, Yale University Press (2008).

心化等功能的盗版音视频共享"神器"。如果我们接受巴尔金的观点，把重点放在考察技术背后的社会关系，我们就能够跳出本质主义所设置的迷宫，更直接地回应具体的规制问题。不再过多纠结于技术本质，也可以帮助我们更好地考察与具体权利义务关系有着更直接关联的规制要素。比如对于 P2P 技术所引发的盗版问题的规制，与其纠结于技术本质，不如更多关注人们使用或规避 P2P 技术时，所引发的权利义务关系的变化。现如今 P2P 技术下载的盗版音视频作品得到遏制，除了法律规制以外，还要依赖于更便捷的流媒体（附带会员和广告营销）商业模式——既然获得正版的成本没有那么高，人们也就没必要承担 P2P 盗版的法律风险和麻烦。而这些都与 P2P 技术算法的具体细节没有直接关联。

重温卡洛与巴尔金的论辩，有助于我们理解以算法透明为代表的事前规制与以算法问责为代表的事后规制的区别，对算法规制理论的构建，有着重要意义。前者关注技术本质，后者关注技术所引发的后果，两种规制思路的分野，在某种程度上，恰恰折射出关于技术本质的算法透明和以算法问责为代表的、关注法律后果的规制模式的比照。算法透明，就是要规制者搞明白，目标算法究其本质是什么，根据算法的特性来施以规制。而以算法问责为代表的事后规制模式，就是要规制者去考察算法在实际运作中的具体结果及其背后的社会关系变化，针对它们来施以规制。[1] 这种学术讨论上的比附，也有助于我们反思当前算法透明原则在理论上的悖谬，以避免陷入"透明""公开""开放"等一些大词的迷思，而忘却法律人面对的具体规制问题以及其中可能存在的理论意义。换言之，法律人面对算法

---

[1] Deven R. Desai & Joshua A. Kroll, Trust but Verify: A Guide to Algorithms and the Law, 31 Harv. J. L. & Tech. 1, 6 (2017).

规制问题时,应当着重考量算法所引发的、以权力配置为代表的社会关系的变化(比如算法何以引发歧视性后果),而不是把关注点放在算法的技术本质(比如源代码是如何编写的)。

本文的论证进一步表明,带有强烈本质主义色彩的算法透明,在可行性和必要性上都存在瑕疵,只能作为算法规制的辅助手段存在。换句话说,算法本质应不应该被探究、能不能被探究清楚以及探究清楚之后能否保证有效规制,在本文看来统统存疑。反之,实用主义导向的事后规制手段,较之算法透明有着更多优势,应该作为算法治理中的主要手段,而且也应当是法律人可能的理论贡献所在。后者才是法学界应对算法问题的福尔摩斯。

当然,有些人可能质疑,我们一开始就把解决问题的重点放到了算法应用效果上,那么算法本质与算法应用之间转化的相关规制问题,可能就会在结构上被忽略了。这并非笔者本意。事实上,事后规制并不排斥在显现应用特定的技术措施来矫正算法问题,而且很多改造算法本质的技术措施,恰恰是由于事后规制倒逼而产生的。比如美国通过《儿童在线隐私保护法》(COPPA)及后续一系列判例形成对算法的事后问责之后,儿童保护网络内容软件也在不断改进迭代。

最后,我们再把这一规制进路,具象化地放到部分前例中。对于机场安检歧视,不应当算法透明,而更适合事后问责;导弹试射事故,不应当算法透明,而更适合事后问责;自动飞行事故,没必要算法透明,而更适合事后问责;酒精检测失灵,没必要算法透明,而更适合事后审计……而如何把后面这些具体的事后规制制度的设计得更好,恰恰是法律人理应关注的问题。篇幅有限,笔者在本文中无意也无法提供完整的算法规制图景,但就目前文章所论,至少揭示了算法透明的局限性,以及事后规制在实践中和学理上的优越性,为后续的讨论提供了基础。

六、结　语

为了应对当下算法在社会生活的应用中带来的一系列问题,法学界对于算法规制,有着迫切的需求。而学界对于算法透明原则的推崇,也是在某种程度上构成了算法规制问题及其制度回应的重要组成部分。然而,正如本文所揭示的,目前法律人所极力推崇的算法透明原则,作为事前规制的一种方式,其在可行性和必要性上,都存在瑕疵。本文无意完全否定算法透明在算法规制中的作用,但我们更应当充分认识算法透明的不足和适用的局限。而更为合理的规制手段,应当是实用主义导向的、以算法问责为代表的事后规制手段。

本文旨在进一步揭示批判算法透明原则的理论意涵。不可否认,在切入法律与技术这一交叉领域时,法律人当然有必要对技术有所了解,才能言之有物。[1]然而,法律人对于技术本质的过分强调,可能会带来研究的困境和危险,体现在两个方面:其一是盲目夸大,由于自身技术专业能力不足,从而"神圣化"或"妖魔化"技术本质;其二是削足适履,过分纠结于技术本质,导致无法充分考察法律及其他规制要素对技术所引发的社会关系可能的回应。毕竟法律更应关注的,是算法失灵、算法歧视以及算法共谋等问题所带来的权利、义务和责任的关系,而不是这些技术问题本身,而后者是计算机工程师所关注的。

法律人一味强调算法透明,哪怕披上了一件漂亮的"科学"外衣,其在法律和制度层面上的意义,依旧是模糊的,甚至我

---

[1] 参见戴昕:"超越'马法'?——网络法研究的理论推进",载《地方立法研究》2019年第4期,第1~17页。

们可以断言,单纯地探究算法透明,将限制法学界在算法规制领域的贡献。在笔者看来,那些一味强调算法透明的法律人,一方面,很可能是对算法技术本身一知半解,对算法可知以及算法透明的应用范围和规制效用,抱有不切实际的期待;另一方面,恐怕对网络法也缺乏深入理解,把本来可供法律人思考和探究的算法规制问题,推给了算法本身以及算法开发人员,用"透明""公开""开放"这样的大词来构造自己的理论。说到底,算法所引发的法律问题,无论在私法还是公法领域,都要求法律人在侵权法中的第三方责任理论、注意义务理论、因果关系理论、行政法中的正当程序理论、问责理论和法经济学中的成本收益分析等法学理论框架下,甚至在更广阔的社会科学理论框架下,来讨论类型化的应对,并借此尝试提出新的理论洞见。

一个多世纪前,工业事故危机引发了美国法律制度的大变革,包括霍姆斯在内的诸多美国法学家参与了这一进程,向美国的法律体系引入和构建了侵权法、事故法和保险法体系,当时的许多理念和制度直至现在依然屹立不倒。[1]现如今的算法规制危机,在某种程度上,也是向法律人开启的一个契机——这同样是法律人面对一个相对开放的领域,一个充满可能性的历史时刻。而正像本文所揭示的,实用主义进路,更可能帮助法律人跳出算法透明原则的迷思,更可能找到可以传世的理念和制度。

---

[1] 参见 [美] 约翰·法比安·维特:《事故共和国——残疾的工人、贫穷的寡妇与美国法的重构》,田雷译,上海三联出版社2013年版,第6~9页。

算法推荐平台中内容聚合的利弊反思与治理路径

黄 淼 北京邮电大学数字媒体与设计艺术学院助理教授

摘要: 互联网已经成为当代社会的基础连接方式,而移动终端则是社会成员获取各类内容产品的主要渠道。算法推荐平台中的内容聚合可以实现海量供需之间的精准匹配,提升了传播效率和使用满足。但算法技术和平台资本这两股力量正在重构互联网内容服务业态,对既定观念和制度带来诸多挑战。本文将尝试深入剖析算法推荐平台主导下的内容供需机制,反思其利弊因素。在此基础上,本文尝试依据算法问责与平台创新共举的治理路径。

互联网已经成为当代社会的基础连接方式,而移动终端则是社会成员获取各类内容产品的主要渠道。截至2019年6月,我国网民8.54亿,手机网民8.47亿,网民通过手机接入互联网的比例达99.1%。[1]手机用户通过不同移动客户端获取新闻资讯,而这些客户端普遍采用了可以满足个性化需求的算法推荐技术。算法推荐平台中的内容聚合可以实现海量供需之间的精准匹配,提升了传播效率和使用满足。但算法技术和平台资本这两股力量正在重构互联网内容服务业态,对既定观念和制度

---

[1] 中国互联网信息中心:《第44次中国互联网络发展状况统计报告》,2019年8月。

带来诸多挑战。因此，本文将尝试深入剖析算法推荐平台主导下的内容供需机制，反思其利弊因素，在此基础上提出针对互联网内容治理的改进建议。

一、算法推荐平台中的内容聚合

内容聚合的概念可以参考"新闻聚合"（news aggregation），马克·卡丁顿提出，新闻聚合自新闻业诞生之日起就存在。[1]从报纸的版面设计、广播电视的节目顺序编排，到新闻门户网站的频道设置、移动新闻客户端的界面设计，其实质都是从多个信息源中收集信息，之后进行信息的筛选（filtering）、汇聚（combining）和再包装（repackaging），并将其融合到新的情境中，或可称为"再情境化"（recontextualizing）。[2]在英文语境中，context有环境和上下文的双重含义，"上下文"可以更形象地体现算法推荐平台中以信息流瀑布形态存在的内容分发环境。在此环境中，内容出现的顺序不再由专业编辑决定，而是在个人用户偏好所提供的数据依据的基础上、经由算法推荐规则的匹配而在用户眼前不断涌现。

基于马克·卡丁顿对新闻聚合的界定，我们可以发现算法推荐平台中的内容聚合与其他传统形态的差异。其一，推荐平台主要负责分发内容，它们不直接参与原创生产，但可以将多种内容供给源汇聚起来。移动终端的广泛普及、社会各部门信息化程度的加深，使内容源的种类和数量快速增长，产量更是呈指数级增长。在此背景下的内容聚合，其工作量远超人类劳

---

[1] Coddington, M., *Aggregating the News: Secondhand Knowledge and the Erosion of Journalistic Authority*, Columbia University Press, 2019.

[2] Coddington, M., "Gathering evidence of evidence: News aggregation as an epistemological practice", *Journalism*, 2018.

动所能及的范围，其技术要求不仅是快速汇编，更需要高效筛选。其二，在处理海量内容的过程中，技术工具可以降低人工劳动力的成本，但算法运行的规则还是以人类判断为依据。因此，技术算力与人类判断共同影响着从筛选、汇聚到再包装、再情境化的内容聚合全过程。[1]其三，将个性化需求作为内容聚合的主要标准，支持亿级单位的个性化需求与百万级规模的内容供给以秒级速率的精准匹配，是互联网传播技术在最近几年的突破，也是算法推荐平台与以往所有聚合形态的主要区别。

综上，我们可以将算法推荐平台中内容聚合的特征概括为：海量多样的内容源及其产出与海量个性化的内容需求，经由人机协同的处理过程（算法推荐），达成高效且精准的匹配。这样的聚合正在颠覆传统的内容业运行方式，以下将从内容供给、内容需求和内容处理方式这三个方面反思其利弊影响。

二、内容供给：文化多样性和社会共识

聚合平台的内容源有专业媒体机构，也有各类规模的自媒体组织，还有无数的普通用户，以及在社会普遍信息化影响下加入到信息源行列的各类社会组织。随着人工智能技术的发展，秒级生产速率的写作机器人已经在国内外广泛应用。除了内容源在类型和规模上的拓展，媒体技术进步还突破了文字读写能力对传播范围的限制。短视频聚合平台的兴起，将我国人口构成中占比较大的读写能力较弱的社会成员吸引到互联网空间中，成为潜在的信息发布和传播主体。值得注意的是，短视频聚合平台正在成为舆情热点频现的公共空间，包括中央媒体在内的各级主流媒体纷纷入驻。

---

〔1〕 蔡雯、朱雅云："从新闻聚合平台看新闻编辑业务的变化"，载《国际新闻界》2018年第10期，第101~112页。

多样内容源代表着多元文化,所以聚合平台亦是文化交流平台。不同生活背景的社会成员在互联网公共空间中获得相对平等的表达机会,以及更多的沟通机会。跨越社会背景和阶层的信息沟通,有助于社会共识的达成。聚合平台对文化交融的作用在兼有内容分发和社交的短视频平台也有显著体现。专业媒体机构发布具有冲击力的时事片段,社会组织发布与生活息息相关的实用信息指南,民间艺人展示一技之长,普通百姓记录日常生活……算法推荐基于兴趣标签对内容和用户进行匹配,各式各样的文化传播开来,天南地北的用户被连接起来。

总体而言,当下的内容聚合实践在供给方面具有释放生产力和创造交流机会的客观作用,并由此带来了促进文化多样性和达成观念共识的社会效益。

三、内容需求:个性彰显和趣味过度

在移动传播场景中,作为"人体器官延伸"的内容接收终端被随身携带,内容消费穿透时空阻隔。正如曼纽尔·卡斯特尔所指出的,移动通信设备营造的传播环境,带来了社会文化的个人主义倾向。[1]而从媒体技术演进的角度,保罗·莱文森提出的"媒介人性化"趋势揭示了媒介技术会朝着越来越能够满足人类心理和感官偏好的方向发展。[2]这些理论性判断已经被实践所证明。根据牛津大学路透新闻研究中心的调查报告显示,基于算法推荐技术的新闻信息分发比传统的编辑筛选更受

---

[1] [美]曼纽尔·卡斯特尔等:《移动通信与社会变迁:全球视角下的传播变革》,傅玉辉、何睿、薛辉译,清华大学出版社2014年版,第214页。

[2] [美]保罗·莱文森:《人类历程回放:媒介进化论》,邬建中译,西南师范大学出版社2016年版,第5~7页。

网络用户欢迎。[1]曾以"你关心的，才是头条"为口号的"今日头条"资讯客户端在中国新闻市场快速崛起，其商业成功的必备条件就是顺应了移动传播时代信息需求的个性化倾向。

在个性化推荐系统中，用户偏好是对信息供给进行标签化处理的主要依据。参考新闻价值理论的五要素可以发现，时效性（从事件发生到用户看到新闻的时间长度）、接近性（事件发生地点与用户看到新闻时所处的地理位置之间的距离）、显著性（事件所涉及人物、地点和机构与用户偏好的相关程度）这三个价值维度较易实现标签化，而趣味性（事件所涉及的人类情感因素）和重要性（事件对于社会和个人的影响程度）这两个价值维度难以量化。[2]在传统的大众传媒机构中，接受过专业训练的新闻从业者代替公众完成这两个维度的价值判断。而在算法推荐技术支持的聚合平台中，内容选择权的重心从专业生产者一端滑向个体消费者一端。这样的"需求偏向"有可能导致趣味性被放大、重要性被忽略的价值失衡问题，随之带来泛娱乐化的社会文化偏向。

由上可见，在信息需求方面，基于算法推荐平台的内容聚合较之以往所有的聚合形态都更能满足个性化的信息选择，但这种技术赋能作用与移动终端设备的私人性相叠加，可能导致个体用户难以"慎独"，在内容消费结构上偏重趣味性和娱乐性，而忽视与公共事务相关的重要性信息。

四、内容处理方式：算法规则的商业利益导向

诚然，聚合平台利用算法推荐技术可以高效完成内容供需

---

[1] 周岩："超越文本——2017年牛津路透媒体创新研究报告"，载《新闻记者》2017年第7期，第53~62页。

[2] 宋建武、黄淼："信息精准推送中主流价值观的算法实现"，载《新闻与写作》2018年第9期，第4~10页。

双方的匹配。但在新技术加入内容聚合之后,一些关键问题开始难以被明确解答,例如:哪些内容源被筛选和汇聚、源源不断的内容流按照什么顺序出现在用户眼前。在媒体业的传统实践中,这类问题的答案牵涉到媒体服务的质量高低和权威与否。更重要的是,国内外媒体行业中较为成功的聚合主体(aggregator)都是不直接从事原创性生产的互联网商业平台,例如 Facebook、Google、腾讯、字节跳动等,所以这些平台受到媒体专业规范的约束力较弱。而且由于算法推荐技术决定着个性化服务水平,进而影响商业竞争能力,所以当面对来自社会各界的公共质询,他们会以保护机密作为回应。商业平台对内容处理方式的绝对主导使新闻聚合的技术机制成为具有普遍争议性的问题——是否需要以及如何恰当地打开所谓的"算法黑箱"。

马克·卡丁顿从新闻组织的权威性(authority)和新闻报道降低不确定性(managing uncertainty)这两个方面探讨新闻聚合对传统实践的挑战,提供了分析聚合平台现存局限的参照系。专业媒体机构提供真相,帮助社会成员降低日常生活的不确定性,从而获得公众信任,进而树立权威性。聚合平台分发各种来源的信息,满足不同用户的个性化需求,增强用户黏性,进而实现商业变现。简言之,传统的媒体机构在意"有多少人相信",而聚合平台在乎"有多少人使用"。因此,在媒体业的价值标尺中,聚合平台就具有明显的商业利益导向和价值观缺失。

对于一般商业组织而言,在商言商本无可厚非。但媒体服务是具有较强社会外部性的行业,其良性运行可以带来公共监督、文化传承和社会动员等正向效应,但其不良运转也会造成低俗、暴力和虚假等各类不良信息在公共空间中蔓延。聚合平台虽然不直接从事信息生产,但却是当下社会中内容消费的主要场所,所以在事实上发挥着媒体服务的作用。因此,传统媒体业在处理商业利益导向时所坚守的行业规范应当在聚合平台的实践中得到适应性的延续。

量化指标是商业利益导向的实现工具,但这些指标不仅难以确切衡量媒体产出的深层文化价值,还有可能催生唯数据是从的行业乱象。在点击量的重压下,主流媒体中负责运营新媒体账号的编辑们挖空心思做标题创意,而自媒体行业则出现了"标题党"。基于量化指标的机器运算提升了内容供需的匹配效率,但也存在许多尚未填补的技术漏洞。自媒体行业中存在大量服务于商业营销的"做号党",他们雇佣初级文化水平的劳动力用复制、粘贴的方式拼凑数量巨大的"热点话题文章",抢占聚合平台的供给池,通过积累流量提升账号在推荐序列中的权重,再将内容曝光价值售卖给广告商。虽然聚合平台加大了对内容审核的投入,但并不足以根除已然形成的灰色产业链。

五、治理路径:算法问责与平台创新共举

聚合平台在移动传播环境中的应用解决了海量内容供需的匹配问题。在供给上促进了文化多元和社会共识,在需求上顺应了个性化需求,但也带来了过度娱乐化和商业化的负面作用。因此,我们需要对算法推荐平台中的内容聚合保持审慎的态度,一方面充分肯定其技术进步意义,另一方面不能忽视商业利益对内容行业特有的公共价值立场的影响。因此,本文尝试依据算法问责与平台创新共举的治理路径。

首先,以实用主义导向的算法问责解决本质主义导向的算法透明在理论和实践中面临的困境。[1]算法技术已经深深内嵌于互联网内容的生产、分发和消费的各个环节,如果以新闻行

---

〔1〕 沈伟伟:"算法透明原则的迷思——算法规制理论的批判",载《环球法律评论》2019年第6期,第20~39页。

业传统的"透明性"标准作为对算法规则的要求,存在三方面问题:其一,目前普遍采用的机器学习等算法技术本身就具有"黑箱"特质,即便是计算机专业人员也无法完全解释其内部运行机理;其二,算法规则的本质是以代码为符号的数学关系,并不属于大多数社会成员的常识范畴;其三,在商业平台中,算法规则的设计决定着流量分布和交易数量,进而影响商业回报,所以算法规则具备商业机密性质,不便于对外公开。因此,算法透明无法解决采用算法技术的商业平台带来的社会问题。随着算法技术被应用于分发更多类型的内容产品,亟待解决的问题也陆续浮现,平台、公众和政府在实践探索中共同面对新问题带来的挑战。例如,算法推荐出现之初热议的"信息茧房"问题已经在实际操作和理论阐释上均被证伪。在此过程中,有以人民网"三问算法"为代表的监管态度、有跨学科的各类学界研究成果,最重要的是处于领军地位的商业平台对算法规则的持续迭代,三方面力量形成了算法问责与平台创新的共举之力。

其次,问责对象和创新范围应从商业平台扩展到内容服务产业链。算法推荐对内容行业的重塑作用是通过改变分发规则来改变生产标准和观念,推荐平台的计算标准被内容生产源作为金科玉律,一方面导致消费偏好对专业判断的过度侵蚀,另一方面导致内容创作中无法被计量的人文关怀和情感价值被忽略。算法已经不再是商业平台的技术策略,正在成为内容行业内普遍认同的价值标准。因此,问责的对象和创新的范围不应限于平台内部,而应上溯内容产业链,找到产生"做号党"等乱象的根源,使文化繁荣与技术进步获得共同发展。

人工智能算法规制的原理与方法

孙　莹　西南政法大学人工智能法学院副教授

摘要： 人工智能算法推荐的运行机制决定了算法的非技术中立性和价值取向性。人工智能算法本身蕴含强大的技术权力，算法黑箱的技术壁垒则加剧了人与算法之间权力失衡。人工智能算法本身的逻辑并不考虑作为主体的个人的主体性，每一个个体都只是算法逻辑体系下的参数。在算法权力的技术权力表象之下还潜藏着资本的权力，并使国家主权面临挑战，冲击全球治理体系。因此，应当对其加强引导，将自我监管和行政监管相结合，强化伦理约束组织的建设，在立法上明确人工智能算法开发者、控制者的责任。

一、引　言

从2018年开始，作为人工智能核心要素的"算法"概念开始兴起，并逐渐取代空泛的"人工智能"概念，成为法学界研究人工智能的聚焦点。人工智能算法，即通过计算机来模拟人的思维和智能，在一定的输入前提之下，按照设定程序运行，[1]由计算机来完成特定功能的输出，解决特定问题的方法的准确描

---

〔1〕［美］克里斯托弗·斯坦纳：《算法帝国》，李筱莹译，人民邮电出版社2014年版，第42页。

述或清晰的有限指令。[1]其可以增强人在某些领域的决策能力，甚至在某些方面可以代替人做出决策。但其在为人类提供更加迅捷高效的决策依据的同时，也会潜在地对人类的视域、判断乃至选择产生影响，进而不断改变资本与个人权利、国家权力的关系。人工智能算法的控制者凭借"算法黑箱"的数据技术壁垒，利用算法影响受众群体的社会偏好和政治偏好，并潜移默化地影响、操纵受众的行为模式。此外，对人工智能算法监管的缺位所导致的"信息茧房""算法歧视"等现象，日益成为新的社会治理难题，亟待立法规制。

二、人工智能算法的非技术中立性

随着以大数据应用为基础的算法推荐在电子商务领域的成熟运用，人工智能算法开始被法学界关注。互联网电商平台经过一段时间的经营，沉淀的用户数据早已是天文数字，结合其注册信息和浏览偏好，并据此描绘用户的个人特征乃至某类用户群体的社会特征画像，[2]是其长久以来的深耕领域。互联网电商平台的巨头们也正基于此，开始分析用户最迫切的购买需要，这便是人工智能算法进入社会领域并开始兴起的最初时刻。人工智能算法也以此为起点，通过大数据支撑的算法分析和算法推荐，开始介入社交媒体平台等其他互联网空间，进而深度影响人类社会生活，并引发政治风险。

（一）人工智能算法推荐在社交媒体平台的广泛运用

随着人工智能算法运用技术的迭代，算法推荐开始从电商

---

〔1〕 刘广峰、黄霞主编：《计算机基础教程》，华中科技大学出版社2016年版，第8页。

〔2〕 刘存地、徐炜："能否让算法定义社会——传媒社会学视角下的新闻算法推荐系统"，载《学术论坛》2018年第4期，第30页。

平台延伸到互联网社交媒体平台,并日益成为决定信息推送的根本性力量。人工智能算法通过此类网络平台积累了大量用户数据,人工智能算法控制者(很多情况下也是开发者)的价值观也因此深深嵌入据称中立的技术之下,并悄然影响着受众的观念、决断和行为模式。

通过不断的机器学习,算法在数据抓取、学习、推送方面相对人类已经取得了巨大优势,并由此强化了对受众的影响。包括今日头条等平台媒体和微信等社交平台,都在积极运用人工智能算法增加用户黏性,并增强市场渗透率。不同于传统媒体时代的新闻人工筛选推送机制,也不同于社交网络时代的新闻社交过滤机制,大数据时代之下的人工智能算法推荐机制拥有更强的数据抓取能力和学习能力,使得信息推送的规模和效率成几何倍数增长。

传统的新闻人工筛选推送机制通过媒体编辑对新闻进行把关,体现的是媒体编辑的价值取向,在新闻内容的呈现上有着很强的价值偏好。媒体编辑通过热点问题、核心情况的归纳,引导舆论的争论焦点。在社交媒体兴起以后,个体获取信息的主要方式变革为社交过滤[1]的方式。此类获取信息方式的弊端在于,不断扩大的社交网络当中发布、流传的信息鱼龙混杂,需要用户耗费精力加以甄别。[2]

人工智能算法的出现颠覆性地改变了这一点。依托大数据技术的应用,人工智能算法依据用户的行为数据——如浏览内

---

[1] "社交过滤"是指每一个人都变成了其社交网络之内的信息的发布者,并通过价值类似的社交网络传递自己的价值取向,同时高效地接收被社交关系圈过滤的信息。

[2] 例如,随着微信在工作、生活中的普及,微信朋友圈中添加的不再仅仅是传统意义上的好友,许多一面之缘的工作对象也会被添加其中,造成以朋友圈为基础的社交网络内信息来源的五花八门,如果对其进行识别,往往费时费力。

容、转发、评论等,以及身份数据进行深度的机器学习与算法分析,为每一个用户精准识别并推送其价值需求和相关偏好的信息,即"只有你关注的才是头条"。在此基础上,人工智能算法推荐依据不同的价值偏好和信息需求,将用户划分为多个交叉重叠的群体,并为其分别推送需要的信息,实现区别于朋友圈过滤的大数据过滤,使得用户更加自由的掌控信息的捕捉和接收。正如有学者所认为的那样,原子式的用户在数据信息的场域划出了巨大的空间,传统的媒体已不再具有引导话题辩论的能力,真正起到决定性作用的是用户的偏好和抓取。[1]当前我国互联网新闻资讯类市场的情况也验证了该观点。2018年初,大数据服务商极光大数据发布的《极光大数据新闻类 App 报告》显示,今日头条 App 的渗透率达到 20.7%,位列聚合型新闻资讯类客户端第一。充分说明了结合大数据应用的人工智能算法推荐技术,在信息推送领域的重大优势。[2]随着大数据时代的到来,信息愈发根据人的价值和需求而自由流动,但是这样的自由,始终带有为人工智能算法支配的阴霾。

(二)算法推荐运行机制的非技术中立性

计算机和大数据学科理论认为,"算法"综合了逻辑与控制(algorithm as a sum of logic and control),[3]实际上就是一种编程,即为其设立一个为了解决某问题而自我推演的运行逻辑,并对其输入指令,在输入数据的不断精准"榫接"的步骤中,得出逻辑推演的结果。在这个意义上,人工智能算法的本质,

---

[1] Axel Bruns, "Gatekeeping, Gatewatching, Real-Time Feedback: New Challenges for Journalism", *Brazilian Journalism Research*, Vol. 7, No. 2, 2011, pp. 135~136.

[2] 极光大数据:新闻资讯类 App 研究报告,载 http://www.199it.com/archives/577612.html.

[3] Andrew Goffey, "Algorithm", in Matthew Fuller, ed., *Software Studies: A Lexicon*, Cambridge, MIT Press, 2008, p. 16.

实际上就是依照其自身逻辑展开一系列对用户和数据的抓取，通过其技术逻辑设定的方向导出某个结果。而不间断的机器学习则保证了该套匹配模式精准度的不断提升与完善。在此过程中，大数据技术的应用，则为人工智能算法的自我学习提供源源不断的"能量"。基于此，人工智能算法推荐在深度分析受众个人数据如浏览记录、停留时长、用户注册信息、评论转发等信息的基础上，为其精准推送其偏好的信息。

与传统的人工筛选推送信息的方式相比较，人工智能算法推荐实际上颠覆了整个行业的底层逻辑，推送信息的标准已经由信息的内容本身，转向"用户偏好的信息"，[1]亦即用户决定信息。因此，信息的价值不再取决于内容，而取决于用户的偏好。即在信息推送接收的逻辑链条之下，决定用户接收某类信息的不再是用户的主观意愿，而是人工智能算法的内部评判标准。对于某一类用户全体，人工智能算法在分析了主流的偏好需求、类型特征后，会通过建立推送模型的方式，将群体内的其他偏好交叉推送给群体成员。[2]

事实上，人工智能算法推荐存在某种倾向的价值观，绝非一些"技术中立论"所宣称的那样，没有价值观的倾向。这种倾向性有的来自人工智能算法开发者输入的底层逻辑，更多的来自在底层逻辑的基础之上的算法本身逻辑自生自发的演绎。人工智能算法通过数据指令的不断输入和深度学习，其自我展开的逻辑必然会建构出一整套运行的系统，有其自身的机制。同时由于算法受众在该机制中的不断反馈，使得算法机制本身

---

〔1〕 Axel Bruns, "Gatekeeping, Gatewatching, Real-Time Feedback: New Challenges for Journalism", *Brazilian Journalism Research*, Vol. 7, No. 2, 2011, pp. 117~136.

〔2〕 陈昌凤、王宇琦："新闻聚合语境下新闻生产、分发渠道与内容消费的变革"，载《中国出版》2017年第12期，第3~7页。

糅合了算法逻辑和人的价值观。因此，杂糅着社会价值观的人工智能算法又强化了自身的价值倾向，并在各领域得到不断展现。这也使得互联网平台的用户均处于人工智能算法价值观的影响之下。人的行为模式、思想观念也在悄然发生改变，并愈发接近算法暗含的价值观。

（三）算法的非技术中立性易引发政治风险

随着人工智能算法在互联网电商平台和社交平台的深度运用，其影响力开始从商业社会蔓延到政治领域，引导某种价值观念的算法往往容易在现实政治中产生影响。究其根源，在于人工智能算法在现代性之下，凭借其对于每一个用户的了解，以用户之间类似的价值观念迅速将单个的用户捏合成有共同诉求的强大团体。

现代性的重要特征之一就是原有的宗教、宗族、社团等不断消解，并在其之上诞生原子式的社会结构，每个人不再是血缘、宗教纽带等之下的某一分子，而成为社会的基础单位。人与人之间不再以血亲、宗教联系为主，每个人都在法律意义上成为平等的主体，具有普遍性的平等权利和义务。与此同时，个体的现实生活逐渐为普遍性所消解，植根于现代性之上的人工智能算法则根据每一个用户的偏好和行为模式，向其推送相关的信息，为单个用户之间赋予某种联系并将其组织起来。在某种意义上，人工智能算法是在为每一个用户赋予特殊性，并将其组织起来，由此在个体碎片化的时代，形成全新的政治力量。极端情况下，算法将可能被用于操纵用户，以影响国家政治。

以"剑桥分析"（Cambridge Analytica）事件为例，英国政治咨询公司"剑桥分析"利用剑桥大学心理测量学中心开发的数据搜集应用程序，通过比对用户的评论和个人资料建立了一个强大的算法模型，再用这个模型来预测和影响其他用户的行为模式和投票选择。[1]算法和大数据的运用最终造就了一款强大的政治工具，可识别摇摆不定的选民，并针对性地推送可能会产生共鸣的新闻资讯和政治广告，左右选民投票。

通过"剑桥分析"事件可以看到，结合了大数据技术的人工智能算法，已经在现实生活中对公众产生深刻影响，并成为现代政治中的不稳定因素。在乌克兰、委内瑞拉等国家发生的社会动荡，其背后均有资本力量依托人工智能算法将政治新闻（甚至假新闻）对潜在受众精准投放的影子。[2]在这个意义上，人工智能算法，已经成为资本力量动摇主权国家安全的重要支点，亟待规制。

三、人工智能算法权力的日益膨胀

不同于传统的技术进步，运用于基础性高新科技的人工智能算法不断迭代更新，通用于各行各业而支撑起新一轮的产业革命。人工智能算法本身即蕴含着强大的技术权力，算法黑箱的技术壁垒则加剧了人与算法之间的权力失衡。现有法律法规缺乏对人工智能算法的有效规制，此外在行政监管体制中，行政审查、风险监控等监管程序仍然缺位，导致了人工智能算法的技术权力开始压制个人权利。而未经严格规制的算法权力推演到极致，本身作为人类的对象的算法，将成为外化于人类生活的算法霸权，潜移默化地将人类生活对象化和工具化。

---

[1] 最终该公司收集了超过5000万名用户的个人资料，这一用户数量接近Facebook美国活跃用户总数的三分之一，相当于美国选民人数的四分之一。而在2016年美国大选期间，通过收集前述5000余万名用户的数据，"剑桥分析"公司分析出每个用户的性别、性取向、宗教信仰、潜在性格、政治倾向和种族主义倾向等，据以确定与用户投票行为相关的个性特征。

[2] 赵双阁、史晓多："新闻算法推荐机制的技术价值与权力边界"，载《西南政法大学学报》2019年第1期，第129页。

（一）作为新兴技术权力的人工智能算法

人工智能算法在大数据技术及人工智能应用过程中，其在数据处理和深度学习算法上的技术优势生成的对政府、公民、社会组织等对象拥有的影响力和控制力，可以被认为是算法权力。其最重要的特征是通过普通人几乎无法逾越的技术壁垒，维持对个人权利的绝对优势。

人工智能算法在数字时代的高效率运转，赋予了算法权力的合理性。借助于海量的大数据和具备强大计算能力的硬件设备，拥有深度学习能力的人工智能算法可以通过自主学习和强化训练来不断提升自身的能力，解决很多人类难以有效应对的治理难题。算法作为人工智能的基石之一，其运转效率的高低，在很大程度上决定了人工智能应用的广度和深度。伴随人工智能算法在国家和社会治理中重要性的日渐凸显，国家和社会对于算法的依赖也逐渐加深，如前文所述社交媒体平台，其运行的基础就在于人工智能算法的运用。算法权力作为一种新型的技术权力形态，开始逐步得到学界和实务界的关注。

传统政治学的关注重点之一，在于如何协调、平衡国家和社会的关系。通过合理配置国家权力和利用一定的技术手段来有效规制国家权力的行使，以达到国家与社会之间的平衡。人工智能深度学习算法在国家和社会治理中的应用，使得政府运行过程更加公开透明，民众的治理需求能够得到有效地识别和及时地回应，有效地降低了国家和社会治理的成本和难度，提升了国家和社会治理的绩效，算法也由此成为社会有效规制国家机器运行的强大技术支撑。随着人工智能应用场景的不断拓展和应用程度的不断加深，依据人工智能算法分析的结果来决策、听取人工智能算法的指令而行动，在不久的将来可能会成为人类决策和行为时的常态。人类对于人工智能算法的技术依赖将会不断增强,算法作为一种技术形态的权力开始嵌入人类社会的形态当中,并深度影响人类的思维、行为模式。算法权力从表象上看是一种技术权力,但其背后潜藏着控制算法设计和研发过程的资本的权力,时刻在侵蚀着个体的权利。如不加以有效的引导和规制,在不远的将来,通过不断地机器学习愈加强大的人工智能算法权力,将出现脱离人类控制的风险,并有可能演化成为人类异己的人工智能算法霸权。

(二)从算法权力到算法霸权

近年来,伴随人工智能技术的不断推进,有人认为人类社会正逐渐从弱人工智能时代向强人工智能时代转变。人工智能形态的不断变革,也引发了法学界关于人工智能体属性和地位的争论。[1]

主张人工智能是机器的学者认为,人工智能的实质是人类设计出来用于提高企业生产效率、降低国家和社会治理难度、满足人类美好生活诉求的机器,人工是智能的前提。而主张人工智能应该被赋予主体人格的学者认为,深度学习算法的出现,使得人工智能具备了越来越多的自主意识和自主行为能力,应该赋予其部分的法律人格[2]和财产权利。也有的学者认为,"简单地以机器'长得是否像人'或者'表现得是否像人'作为评判其能否获得法律主体地位的标准要件,不仅容易因概念的含混不清导致可操作性不强,还可能会陷入法律与科学技术双重认识不一致的泥潭"。[3]

---

[1] 彭诚信、陈吉栋:"论人工智能体法律人格的考量要素",载《当代法学》2019年第4期,第57页。

[2] 袁曾:"人工智能有限法律人格审视",载《东方法学》2017年第5期,第50页。

[3] 吴习彧:"论人工智能的法律主体资格",载《浙江社会科学》2018年第6期,第61页。

关于人工智能是主体还是客体的争论还将持续存在，但是在深度学习算法的推动之下，人工智能的自主学习能力正不断增强，自主意识也在不断形成。面对人工智能时代的到来，目前资本权力主导的人工智能算法出现某种类自我意识并试图摆脱的可能性也在逐渐增加。在这个漫长转折到来的前夜，有必要担心人工智能算法权力有可能正在从技术权力的表象和资本权力的实质演化成人工智能算法对于人类的技术优势，并最终有可能转变为人工智能对于整个人类的霸权。

（三）算法权力加剧人的异化

人工智能算法本身的逻辑并不考虑作为主体的个人的主体性，每一个个体都只是算法逻辑体系下的参数。在这个意义上，每一个具体的人都被算法所对象化，算法权力也因此加剧作为主体的人对自身的疏离感，即经典马克思主义所说的"异化""物化"或"物象化"。

人工智能算法为指令的输入和大数据的机器学习所预留的空间是无限的，但无论输入多少指令都无法改变其"刺激——反应"这一模式的底层逻辑，申言之，在人工智能算法所设定和复制的人类行为模式中，没有考虑到自由意志和伦理自主性。人作为社会性的主体，其一举一动都为其自由意志所设定，为其道德伦理所约束，而人工智能算法主导下的行为模式，是缺乏道德观念和伦理性思考的反应，对现有的人类社会道德秩序会产生极大地冲击。人工智能算法这一先天缺陷，已经在影响现实的人类社会，[1]且暂时难以克服。

---

[1] 2018年4月，央视曝光快手等短视频平台出现的大量未成年早孕妈妈的视频，许多未满16岁的早孕妈妈在直播平台、短视频App上直播自己的生活，并强化未成年妈妈的身份标签，部分账号涉及软色情乃至色情内容。随后快手宣布全网整改。对于未成年妈妈视频的突然爆红，技术上的解释在于，快手等短视频平台运用人工智能算法收集用户的数据信息，如浏览记录、停留时长、用户注册信息、评

由上可见，对比人工筛选的信息推荐模式，人工智能算法推荐缺乏伦理道德的认知。事实上，由于伦理道德的非确定性，人工智能算法无法依据抽象的原则，在具体的事件中作出符合道德规范的反应。在人工智能算法的逻辑中，很难训练出类似人的道德决策能力，其只能复制人的行为，而不能理解其中的道德性。这种先天缺陷的存在，源于一方面技术理性排除了价值判断，另一方面算法追求效率最大化。

因此，人工智能算法之逻辑与人的主体性的冲突，在某种意义上可以归结到认识论的差异之上。即人工智能算法依托对人类行为的大数据的机器学习，不断积累某种情况下人类似的反应，并由这些碎片化的底层知识，归纳总结出算法在应对此类情况时所可能做出反应的依据。亦即人工智能算法依照其工具理性的要求，把来自外界的混杂多样的刺激划分成若干部分。在这些部分中，算法只是在范畴上把对于其实际干预具有突出作用的组成部分裁剪下来。这样的反应模式自形成之初，就缺乏人的自由意志和伦理道德的精神内核。由此可见，人工智能算法不再仅仅作为在某些领域中辅助、替代人类决策的工具，而是总结人类的行为，形成另外一套反应（决策）的逻辑体系。换言之，其完全以工具理性改造了人类行为的逻辑，并在此基础上排除价值判断，并形成基于人工智能算法的类人类行为模式。

正如法兰克福学派在了解美国式传媒工业后总结的那样，文化工业始终强调其提供的标准化产品是观众内心所需的。但实

（接上页）论转发等，算法通过分析对每一个用户"画像"，随后发现很多用户可能喜欢早孕妈妈的视频，于是对这些用户中选择开启了"关联推荐"的部分，进行相关视频的推送。无论是对这类推送持正面评价（继续浏览相关视频），还是选择不再观看此类视频，人工智能算法都有可能依据类模型原理，向此类用户同属的某个社交需求群体的其他用户推送早孕妈妈的视频，由此导致滚雪球一般扩大影响。

际上观众回馈的调查问卷,就是文化工业本身按照自身的价值规范,通过稳定投放类型化的文化节目,引导、营销、暗示观众的价值观念,观众本身也就成了标准化产品的结果而非价值源泉。[1]相较而言,人工智能算法受益于大数据技术的运用和社交媒体带来的信息的分类推送理念,其展现出的算法权力必将是在一个更加封闭的信息茧房内对受众更为深刻的影响。现代人也因此被割裂开来,接收着人工智能算法定向推送的差异化的信息,行为模式和价值观念也在不知不觉中为算法所渗透。在某种意义上,算法的进步过程,也表现为人类退化的那种隐蔽的过程。

在本质上,算法权力将直接导致对人类行动模式的工具性支配,即算法通过消除人类社会的多种多样的印象,将多姿多彩的人类社会排除在外,得到人类社会的可改造性。在算法权力的这种支配性实践中,其最终从现实中能够察觉到的只是那些可以有计划、有步骤地控制和有制造条件的事物。因此,推演到极致的算法霸权,将会把人类社会剪裁成对社会统治的那种单纯的投射。

(四) 算法权力对个人权利的压制

人工智能算法导致人自身异化的同时,成为压迫个人权利的新的力量,并切实威胁着个人权利。在大数据网络时代,个人对其在网络上产生的数据,天然享有数据所有权、数据隐私权等基础性权利,并存在希望就个人数据获取回报的机会。[2]法律因此规制了个人信息权、数据权、拒绝权等新的权利。但

---

〔1〕 [德] 马克斯·霍克海默、西奥多·阿道尔诺:《启蒙辩证法——哲学断片》,渠敬东、曹卫东译,上海人民出版社2006年版,2015年版。

〔2〕 Viktor Mayer-Schönberger:"Generational development of data protection in Europe", *Technology and Privacy*: *The New Landscape*, MIT Press, 1997.

依托大数据技术发展的人工智能算法，由于其深度专业性和缺乏相应的行政、立法规制，而日益形成对个人权利的结构性压迫，这是算法控制者与算法对人的双重压迫。

一方面，当人工智能算法成为公共空间不可或缺的一部分，就会自然而然地滋生权力。算法的控制者与作为数据主体的个人之间，由信息不对称深化为知识不对等，进而导致权力失衡。[1]如今大数据和算法所承载的权力日益集中掌握在少数企业手中。伴随着神经网络算法的升级，人工智能算法权力对个人权利的压制不断加深。例如，通过人工智能算法推荐形成对个体的信息茧房，算法歧视与隐私保护问题不断浮现，通过大数据交叉验证精准识别用户的情形已经成为事实，个人上网注册信息和数据信息也会被识别出敏感的价值倾向。[2]

另一方面，人工智能算法时代与此前的网络时代最大的区别，在于人工智能算法不再仅仅收集数据，而是在大数据的基础之上开始自身的学习，并通过昼夜不断的机器学习，一步步深化对作为数据主体的个人的了解。而作为缺乏专业训练（这样的专业训练所需要花费的时间、精力、金钱等绝非普通个体所能轻松付出的）的普通个体，即使其知晓其数据为人工智能算法所用，但也很难理解算法的运行机制和潜在风险。即使是专业人士，算法的代码、参数也绝非是可以完全识别的。这使得作为主体的人，完全和社会运行的整个逻辑脱节而陷入自我认同的虚无当中，其通过劳动创造出来的不再是自身价值和认同感，而仅仅是人工智能算法不断成长的"养料"——数据。

---

[1] M. Hildebrandt, "The Dawn of a Critical Transparency Right for the Profiling Era", *Digital Enlightenment Yearbook*, 2012.

[2] 陈鹏："算法的权利应用与规制"，载《浙江社会科学》2019年第4期，第54页。

人工智能算法对个人权利的压制，还体现在神经网络算法在人类观察之外的自我深度学习上，当神经网络算法发展出自己的逻辑体系，就可能造成严重的决策偏差。

四、人工智能算法改变资本权力与国家权力的关系

算法权力作为一种技术权力，在降低行政运行成本、提高行政运行效率、改善政府治理绩效的同时，更为公民和社会深度参与国家治理、充分表达利益诉求和有效规制国家机器运行提供了坚强的技术保障，推动了国家与社会关系发生着积极的变革。

但同时，在算法权力的技术权力表象之下还潜藏着资本的权力。大型互联网企业凭借数据优势独占算法开发的能力，既是算法的开发者，又是算法的使用者，在同一实体内完成技术的商业转化，意味着技术权力转化为资本权力。作为大数据时代新型权力的人工智能算法权力，人类在其逻辑体系之下不再具有主体的地位，而仅仅只是某种可计算、可预测、可控制的客体。[1]在这个意义上，作为科学与技术的人工智能算法，不仅成为第一生产力，而且也成了一种类似以科学为偶像的新型的意识形态，[2]资本权力凭借高效利用的大数据技术和人工智能算法开发运用方面的领先优势，深刻改变、塑造着国家权力与资本权力的关系，[3]并在与国家的不断博弈中影响国家的主

---

〔1〕 郑戈："算法的法律与法律的算法"，载《中国法律评论》2018年第2期，第66~85页。

〔2〕 [德]尤尔根·哈贝马斯：《作为"意识形态"的技术与科学》，李黎、郭官义译，学林出版社1999年版，第4页。

〔3〕 程莹："元规制模式下的数据保护与算法规制——以欧盟《通用数据保护条例》为研究样本"，载《法律科学（西北政法大学学报）》2019年第4期，第49页。

权，进而对全球治理体系和治理秩序产生较为深刻的影响。与之相较，法律监管制度、行政监管权力和社会监督力量在算法领域已经处于落后地位。

（一）政府内部数据淤塞凸显人工智能算法之上的资本权力

数据是算法的权力特征得以不断凸显的重要支撑。人工智能算法水平的提升依赖于海量大数据为其提供了几乎无边无际的自我学习和训练机会。社会治理中人工智能算法技术优势的持续发挥也有赖于对海量大数据进行自动提取和分析的结果。在人工智能算法领域，行政监管不足的主要原因之一在于，沉淀的数据没有得到很好的运用。[1]数据作为重要的战略资源，它的价值需要通过互联和共享并进行深度的挖掘方能体现出来，与之相对应，不被使用的数据是没有价值的。

通过对现代社会的观察，我们可以看到，在服务型政府的管理之下，政府沉淀下来的数据比市场和社会掌握的数据量要多，政府在数据的数量上具有明显的优势。但是，受到科层体制的束缚，政府内部的数据存在着较为严重的数据壁垒和信息孤岛问题，不同区域之间、不同层级之间和不同部门之间的数据在存储系统的对接和数据资源的共享上存在诸多的障碍，大量的政府数据处于沉睡状态。同时，政府在数据的存储、分类、处理和分析等方面的技术积累和人才储备上也面临较多的短板。与政府在数据的共享和使用等方面存在诸多障碍不同，少数企业利用自身研发的应用软件和智能政务平台，不仅掌握了海量的大数据，而且凭借其在云存储和云计算等方面的技术优势，

---

[1] "公民个体社会经济生活以数据形式留下记录，每个个体无时无刻不是数据的生产者……国家的治理、政治的管理、公民的社会生活等都基于数据，对数据产生巨大的依赖度"，参见何哲："人工智能时代的政府适应与转型"，载《行政管理改革》2016年第8期，第15页。数据也由此成为人工智能时代重要的战略资源。谁掌握了数据存储和处理的技术优势，谁就能在人工智能时代拥有更多的话语权。

能够充分的挖掘出数据的价值并加以有效利用。

目前,少数企业在数据存储和处理上的技术优势正演变成为对国家和社会的权力优势,并有形成数据垄断乃至数据霸权的可能,对传统的资本与国家的关系产生深刻的影响,公民的信息安全也会遭到一定程度的威胁。

(二)资本权力使国家主权安全面临新的挑战

人工智能时代的到来和智能治理形态的出现,给现代国家治理体系的完善和治理能力的提升带来了前所未有的机遇,人工智能算法已经逐渐成为现代国家治理体系的重要治理主体,推动着国家治理现代化进程的加速。但同时,在国家治理的各个应用场景下,由资本主导的人工智能算法的不断渗透与融合,国家的主权安全也正面临着严峻的考验。

目前,各类算法几乎均由私人部门即各类企业所开发,而这些算法为企业带来了丰厚的利润。[1]因此,企业毫无疑问的将其算法看作商业秘密以获得法律保护,更有甚者,在美国的判例中,算法被认为是一种言论,继而获得其宪法有关言论自由的保护。[2]作为私人部门所掌握的算法,在企业追逐利益的目的驱动下,算法将会成为谋取利益的工具。极端的情况下,算法将可能被用于操纵舆论和信息,影响国家主权安全。

首先,国家治理中应用的智能技术平台在帮助解决国家治理难题的同时,也在不断地收集国家治理中产生的重要数据,

---

〔1〕 以今日头条 App 为例,据公开信息,截至 2016 年,已经握有 6 亿个激活的账户,每日活跃 1.4 亿个账户。如此巨大的用户量,所能带来的广告收入也是巨额的。而在 2017 年,美国社交网站 Facebook 的广告收入就占到了其收入的 98%以上。参见封帅、鲁传颖:"人工智能时代的国家安全:风险与治理",载《信息安全与通信保密》2018 年第 10 期,第 34 页。

〔2〕 郑戈:"算法的法律与法律的算法",载《中国法律评论》2018 年第 2 期,第 70 页。

其中很多是关系到国家和公民切身利益的核心数据，主权国家正面临着数据泄露的危险。现代化治理体系离不开大数据及依附其上的人工智能算法，但当政府与市场中的大数据控制者合作开发智能技术平台时，就意味着国家权力的某种削弱。这种强化智能技术平台的运用反而削弱国家权力的现象不独存在于行政权力，而是一种普遍现象。即使是在现代社会中主张中立价值的司法，也在试点"智慧法院"时引发巨大争议。[1]建立在数据化之上的智慧法院，必然要求大数据和云计算的支撑，这就必然对司法权力产生冲击。

其次，在算法研发和运行过程中，人工智能算法欠缺模型透明度和可追溯性。在此背景下，当国家治理和社会管理在问题判断、治理决策过程的实施等环节上对算法产生高度技术依赖，使得算法背后的资本拥有了影响和主导国家治理秩序的能力。以智能技术平台的建设为例，在涉及大数据和算法等新兴领域，滞后的立法与缺位的监管使得公权力与私权利的边界日益模糊，本应作为监管对象的大数据所有者（很多情况下即算法开发者、掌控者）凭借提供便利公权力行使的"智能技术平台"，反而成为公权力行使过程中的最重要一环，并因此分享权力，这不得不说是一种吊诡。与此同时，通过公权力合法收集的各种个人数据，乃至公权力行使机关本身的大量数据均会在"智能技术平台"流动，并为人工智能算法所学习和掌控，进而发展出应对方式。国家的主权安全也正是在此背景下面临着挑战。

最后，资本凭借其在算法技术上的优势，有发动算法战争的可能。"由于缺乏相应技术积累，发展中国家并没有充分有效的方式保护自己的数据安全，也没有足够的能力应对算法所带

---

[1] 徐骏："智慧法院的法理审思"，载《法学》2017年第3期，第55~64页。

来的干涉。人工智能技术的进步将进一步凸显其在政治安全领域的脆弱性特征,传统的国家政治安全将面临严峻的考验。"[1]智能治理的核心是算法,资本的力量可运用人工智能算法的领先地位,开展封锁主权国家[2]的算法战争,以完成资本对于该国国家主权控制的目的,特别是那些在算法研制、应用和规制等方面缺乏技术优势和安全意识淡漠的发展中国家受到的威胁更大。

(三) 全球治理体系受到资本权力冲击

人工智能深度学习算法的出现和应用,不仅会对国家的数据安全产生影响,诱发数据霸权等问题的出现,进而危及民族国家的主权,而且也正在对全球治理秩序和治理格局产生重大的影响。自1648年威斯特伐利亚体系确定了主权国家原则以来,主权国家一直是国际公法上的行为主体。但在大数据时代的数据空间中,主权国家的面相同样由数据构成,相比大而全的数据构成的主权国家面相,资本依托人工智能算法的技术优势,在某一领域的数据权力将深刻影响该领域的治理规则和行为范式,由此影响全球治理体系的变革。[3]

具体来说,一方面,少数拥有算法技术和数据优势的超级企业可能会成为新的全球治理体系的主体,推动着长期以来一直以主权国家为主导的全球治理体系发生重大变革。另一方面,传统的全球治理秩序也面临解构的可能,资本对于国家的强势会在一定程度上影响到新的全球治理秩序的形成。人工智能算

---

[1] 封帅、鲁传颖:"人工智能时代的国家安全:风险与治理",载《信息安全与通信保密》2018年第10期,第34页。

[2] 郑戈:"算法的法律与法律的算法",载《中国法律评论》2018年第2期,第83~85页。

[3] 张成岗:"人工智能时代:技术发展、风险挑战与秩序重构",载《南京社会科学》2018年第5期,第46页。

法背后的资本权力,可能会在政治体系中由内而外地增强影响力,通过更为高效的服务机制,对建立在工业化基础上的现代政治体系形成挑战,并主张更多的政治权力。[1]毕竟,现代权力不再具有传统语境下的主体、客体等划分,不再强调必须是一个行动着的实体,而在于一种提供公共服务的能力,谁更能提供公共服务,满足人类的现代化生活需求,谁就享有真实的权力。

五、人工智能算法规制的方法

新生勃发的人工智能算法,其本身资本主导的因素是无法磨灭的,而其野蛮生长带来的种种问题已经日益浮现。在当今种种新技术、新产业高度依赖算法的背景下,迫切需要对其加强引导,将自我监管和行政监管相结合,构建人工智能算法规制的法治基础。

(一)构建政府主导并掌握核心算法的大数据系统

在现代化治理转型中,政府应树立服务型政府的观念,强化公共服务的提供能力。面对掌握数据优势的企业及人工智能算法背后的资本力量,要构建人工智能算法的监管、规制体系,首先应当利用行政机关掌握的海量数据,建立行政力量主导的大数据人工智能算法系统,强化公共服务的提供能力。

传统上,政府治理习惯于全面铺开的事前监管,并通过"组织目标进行分工"的科层制作为权力实现的保障。但在人工智能算法时代,人工智能算法开源性的数据特征使得有效监管难以着手。因此,政府应当依托自身大数据平台的建设,破除政府内部的科层制造成的数据淤积、部门之间缺乏有效数据共

---

[1] 封帅、鲁传颖:"人工智能时代的国家安全:风险与治理",载《信息安全与通信保密》2018年第10期,第34~35页。

享、区域之间数据互联不畅等问题,以实现数据互联互通,形成在大数据领域的主导地位,并依托于此确保对互联网巨头开发的人工智能算法的监管落到实处。最终避免由少数企业主导大数据而引发的权力失衡问题,以维护整体政治稳定。

具体而言,政府应当利用人工智能算法的技术优势,以政务信息化的实现和政府大数据资源的壮大为根本前提,[1]实现人工智能算法在政府治理层面的嵌入,以此为基础,梳理沉积数据,对其归纳、整理、分析,找出其中蕴含的数据价值,构建大数据平台用于服务型政府的建设,[2]从而掌握数据权力,以应对资本控制下的人工智能算法权力的挑战。同时,还应当逐步与各类大数据平台对接,通过强化对其外部监管与内部技术监管,厘清公权力与私权利之间的模糊领域,以增强大数据领域的政府监管权威。

(二)强化伦理约束组织的建设

已有的"机器人三定律""人工智能三原则""人工智能开发六项伦理原则""阿西洛马人工智能原则",都是为了保证人工智能算法的技术中立性,法学界已经多有讨论,我们在此不予赘述。但笔者认为,算法本质上就不存在技术中立性,为实现算法保有伦理性原则,在加强行政监管的同时,还应当强化行业内的伦理约束组织的建设。

因此,可以参照日本人工智能学会在内部常设"伦理委员会"的做法,负责监管业内各项研究不逾越伦理道德的红线。事实上,这样的伦理机构的设立,在国内反而更具强大的执行

---

〔1〕 肖卫兵:"论我国政府数据开放的立法模式",载《当代法学》2017年第3期,第45页。

〔2〕 [美]劳伦斯·莱斯格:《代码2.0:网络空间中的法律》,李旭、沈伟伟译,清华大学出版社2009年版,第142页。

力。以某市互联网协会为例,该协会覆盖了与互联网相关的众多企事业单位、科研院校、新闻媒体和行政管理单位,其会员包括互联网运营商、内容提供商、设备制造商、集团客户及政府管理部门等,同时在业务上接受某市通信管理局和中国互联网协会的指导。

因此,笔者建议至少应当在省级互联网协会内部设立"伦理委员会"。首先在监管对象上,即覆盖绝大多数大数据企业和算法开发者;其次,在指导机制上,同时接受中国互联网协会的垂直指导和省级通信管理局的科层指导,既能保证伦理原则监督的严肃性,又有较强的专业性和灵活性。再次,省级互联网协会作为省级区域内非营利性的专业社会团体,实际上也反映着从业者的利益诉求与现实需要,体现的是一种积极的基层自治。最后,与人工智能算法相关的其他业内协会,均可以作为"伦理委员会"的试点机构。

国内在互联网企业、人工智能算法企业、相关行业协会等组织内部设立"伦理委员会",将有利于提升人工智能算法领域从业者的社会责任感,强化作为人工智能算法控制者的私营部门的伦理操守,并在不断实践中探索各项伦理原则的边界与不足。

(三)立法上压实人工智能算法开发者、控制者的主体责任

算法难以追责的原因,主要在于算法黑箱的技术壁垒难以克服。有学者认为,通过增强算法透明度,公开源代码和输入数据、输出结果可以明确问责,[1]但在实践中,往往难以适用。例如,在涉及某些决策时,往往将某些决定性因素、算法的输出结果甚至执行的人工智能算法本身进行保密。此外,人工智能算法本身就处在不断自我学习、升级的过程中,其自动化决

---

[1] Citron, Danielle Keats, Pasquale, Frank A., "The Scored Society: Due Process for Automated Predictions", 89WASH. L. Rev. 1. (2014), p. 8.

策的步骤，往往会在算法机器学习后或经人类的操控，结合新的数据进行更新。就此而言，即便掌握了源代码和数据，也难以还原人工智能算法决策的流程。[1]面对以上难题，我们可以借鉴欧盟的最新立法成果，压实人工智能算法开发者、控制者的主体责任。

2018年5月25日，欧盟《通用数据保护条例》（GDPR）正式生效，GDPR第5条不再就算法的数据技术问题进行探讨，而直接将保护个人数据的举证责任归于数据的控制者，[2]以达到规范人工智能算法控制者行为责任的效果。GDPR第35条提出数据保护影响评估义务，要求数据控制者具体承担数据处理风险的分析、评估和控制，监管机构仅对评估报告展开审查而不参与具体的评估过程。[3]在这种模式下，数据保护影响评估既保留了自我规制的灵活性，同时又受到传统的"命令—控制"型规制中外部压力的影响。[4]

结合我国当前的立法情况可见，由于我国尚未针对人工智能算法出台专项立法，也没有对数据权利和个人信息权利进行明确区分，现有涉及算法的法律条文分散在多部网络立法中，因此现有的涉及算法规制的法律条文主要以互联网企业为监管对象，这实际上是和GDPR所对应的"数据控制者"是高度重合的，并同样"通过界定平台企业对于平台生态内算法使用和运行的管理义务，以特定企业为抓手，同时赋予用户相应权利

---

[1] Jure Leskovec, Anand Rajaraman, *Jeff Ullman. Mining of Massive Datasets*, Cambridge University Press, 2014, chapter8.

[2] 欧盟《通用数据保护条例》（General Data Protection Regulation），第5条。

[3] 欧盟《通用数据保护条例》（General Data Protection Regulation），第35条。

[4] 周汉华："探索激励相容的个人数据治理之道——中国个人信息保护法的立法方向"，载《法学研究》2018年第2期，第3~23页。

构筑元主体的权利义务机制"。[1]基于此，可以参考欧盟立法中以监管"数据"和"数据控制者"为切入点，达到算法监管的目的。具体而言，笔者建议：

（1）在未来的人工智能算法法治规制架构中，增添算法开发者的特定义务，将透明度要求嵌入算法设计环节，同时引入零知识证明（Zero-Knowledge Proofs）概念，即在某些重大决策时，允许决策者在不透露重要因素的内容和政策的前提下，对决策的作出提供证明。通过零知识证明的方式，既可以保证某种程度的透明性，又可以有效杜绝决策泄密的问题。

（2）借鉴 GDPR 第 35、42 条的规定，"基于算法的预期用途、关键类型和可接受的错误类型等指标提出设计、测试以及指导算法开发应当符合安全边际的绩效标准"，要求数据控制者在使用人工智能算法进行数据采集、画像、推送时，积极履行"数据保护影响评估义务"，对可能涉及的数据风险向有关部门提交处理预案。同时，制定对人工智能算法可能侵犯个人权利（包括财产权利）、算法歧视等负面影响的处理预案。

（3）借鉴 GDPR 第 40、42 条的规定，建立第三方监管下的算法审查机制。人工智能算法的开发者在算法设计之初，可以向第三方监管机构或认证机构提交涉及算法源代码、运行参量、输入数据和输出结果的《承诺书》，如后期发现侵权行为的发生，则监管机构有权依据《承诺书》作出的内容进行验证，若实际运行的算法与《承诺书》不一致的，则有权处罚算法的开发者。第三方监管机构在必要时，还应当有权冻结数据控制者的行为权限。同样，在法律纠纷中，法院有权调取该《承诺书》作为认定责任的重要依据。

---

[1] 张欣："从算法危机到算法信任：算法治理的多元方案和本土化路径"，载《华东政法大学学报》2019 年第 6 期，第 25 页。

综上，应当摒弃算法作为"技术产品"中立性法律地位的立场，做到关口前移，防患于未然，逐步建立对人工智能算法开发者、控制者和算法的双重审查机制。通过加强人工智能算法开发者、控制者与算法之间的联系，压实人工智能算法开发者、控制者的主体责任，强化其自我监管、自我规制。

六、结　语

当前我国互联网已进入智媒化、移动化、社交化发展阶段，以大数据技术的应用为驱动，量化分析和数据挖掘技术不断提高，使得用户逐渐拆解、演变成为大数据不同类别的参数。人工智能算法依托大数据应用的发展而日益成为现代生活不可或缺的组织形式，并在各类新生的应用领域中不断获得发展，人工智能算法深度介入人类社会生活的历史时刻已经从想象成为现实。

在这个历史性的转折时刻，首先应当积极构建对人工智能算法的规制体系，以立法的形式增强算法透明度和可追溯性，压实算法开发者和控制者的主体责任；同时应当建立第三方有权监管机构审查机制，保存算法的基础信息，同时对算法黑箱、算法歧视等问题进行技术界定，对算法侵权进行核验。最后，还应当在算法开发之初，为其自我学习赋予道德红线，在其"刺激—反应"模式中注入伦理性的选择结果，使得在人工智能算法自我学习的进展中，在涉及道德及政治性的选择时，算法程序自动地将选择权和决定权交还人类。

"脸"的三重内涵及其法律规制

朱芸阳　中央民族大学法学院副教授

摘要： 在不同的应用场景下，人"脸"代表的意义可以分解为"外在形象—身份—个性"三重内涵，也依次地呈现出"社会属性—弱社会属性—私人属性"的不同属性；因此，当这张"脸"表达的内涵中蕴含的私人属性不断递增时，法律也相应地逐步提供了由"有限保护—弱保护—强保护"不断增强的保护模式。人脸识别技术的功能包括"验证"与"识别"功能，在体现为识别功能时，应当严格限制人脸识别技术的应用，需要满足两个前提条件，即严格遵循"知情+明示同意"的原则和最小必要原则。

继变脸软件 ZAO 风波以后，又一起新闻引发了社会大众对于人脸识别技术的热议。而如果说 ZAO 软件风波只是影响一小撮人的故事，那近日新闻中所报道的，北京地铁将应用人脸识别技术对乘客实施分类安检，提高乘客通过效率，所涉及的人会是我们身边的不确定多数人。光明日报评论员指出，"别把人脸识别技术搞成现代'刺黥'"，这直接触动了大众担心个人信息安全的神经，那么，这张脸到底代表着什么？我们应该怎么对待我们的这张"脸"呢？

概况而言，我们每个人的这张"脸"，实际上在不同的场景之下表现为不同层次的意义，可以分解为"外部形象—身份—个性"三种内涵,依次体现出其"社会—弱社会—私人"的不同程度的公私属性,从而法律也展现了从弱至强的不同保护模式。

一、"脸"的三重内涵之一:"外在形象"与其社会属性

"脸"的内涵首先体现为"肖像"这种"外在形象",也就是自然人包括面部在内的外部形象的再现,往往需要通过照片、影像等载体表现出来。我国立法对"脸"的保护,最早就体现在对肖像权的保护。早在《民法通则》第100条就规定公民享有肖像权,但此时对个人肖像权的保护很有局限性,即只有在满足"未经本人同意+以营利为目的"这两个要件时,才构成侵犯肖像权的行为。随着人格权保护呈现出不断加强的趋势,司法实践中不再将"以营利为目的"作为构成要件,除了以营利为目的以外,未经本人同意,以侮辱性的方式使用(比如把头像安放在不雅照片、动物等上),也构成侵害他人肖像权的行为。"脸"的肖像权保护模式具有以下特征:

第一,不追求"脸"的精准性。例如,以漫画的形式表达出来的某个人的外部形象也是肖像,甚至表现为侧面或其他部位,只要社会一般人能以此来判断其身份的也构成肖像,例如,照片上只展示出来某个人具有高度辨识度的、外在形象的局部,例如舒淇的唇、赵本山的脸,即使不是面部外形的全貌,也会受到肖像权的保护。

第二,受到肖像合理使用的限制。例如,为维护社会利益需要、为维护自然人本人利益、为时事新闻报道、基于科研教学的目的使用他人肖像等。比如,各省市出台相关安全技术防范管理条例允许在城市出入口、主要道路、人行过街设施等安防重点区域安装摄像头进行拍摄;金融机构基于履行反洗钱等法定义务的需要,为客户办理业务需要进行"双录";媒体对明

星、政府官员等公众人物的新闻报道等。

第三，可以进行商业化利用。不同于生命权、健康权、名誉权等人格权，我们可以许可他人使用这张"脸"，进行商业化利用，明星广告代言正是属于此类。

概括而言，"脸"首先体现为"外在形象"这种外部特征时，这张"脸"具有较强的社会属性，在瑞士法上就有社会性人格权的概念，肖像权和姓名权、名称权、声音权等都被归为彰显身份的人格权（即所谓"标表性人格权"）。"脸"是人在社会交往中所必需的，与"脸"的主人的社会交往息息相关，用来向其社会关系中的其他人证明"我是张三，而不是李四"，用来判断这张"脸"的主人和社会其他人之间的关系。对"外在形象"的不法利用，例如通过深度伪造技术变脸成我们熟悉的人，就会影响个人对自己与伪造者之间的社会关系的判断。因此，《民法典》（人格权编）对"变脸"进行回应并规定，任何组织或者个人不得以利用信息技术手段伪造的方式侵害他人的肖像权。

所以这就很好解释我们身边的一些现象：

为什么我们会在意我们朋友圈照片本身的"美丑"？通常只有在照片本身被丑化时，我们才会主张我们的肖像权利，因为"被丑化"会影响我在社会关系中的地位和认可度！

为什么与某明星长得很相似的人代言费与真正的明星有天壤之别？因为虽然外形相似，但是只有真正的明星的"脸"（即代言），才能得到粉丝认可，才能代表"粉丝与偶像"之间存在的社会关系！

在公众场合中拍照，您会征求其他入镜头的人同意才会拍摄吗？同样，不小心当了背景的人会认为摄影师侵犯本人的肖像权吗？因为在"脸"的主人的潜意识里，这种情形通常不会影响自己的特定社会关系（除非拍得实在太丑）。

因此，在"脸—外在形象—社会属性"的肖像权保护模式下，对"脸"的法律保护反而是最弱的，通常只有在未经本人同意（合理使用不需要征得本人同意），以不法方式（如侮辱性、伪造等）方式使用"脸"，才构成侵害他人肖像权的行为。

二、"脸"的三重内涵之二："身份"与其弱社会属性

"脸"的第二重内涵体现为"身份"，在法律意义上，就是每个人的面部识别特征，作为个人生物识别信息的一种，属于个人敏感信息。它和人的指纹、虹膜等一样，都是一组能够区别人脸的组合特征，每个人眼睛、鼻子和嘴等面部特征之间的距离、面积和角度等几何关系各不相同，具有唯一性。因此，通过个人的面部识别特征，就可以确定到具体特定的个人。

面部识别信息不同于照片本身。欧盟《通用数据保护条例》（GDPR）对面部识别数据和照片进行了区分。第51条叙文指出："处理照片并不当然地被认为是处理个人敏感数据。仅在通过特定技术方法对照片进行处理，使其能够识别或认证特定自然人时，照片才被认为是生物识别数据。"〔1〕人脸识别技术中的"识别"，实际上通过特定的技术手段和方法，对含有面部特征的载体例如照片、影像进行处理，通过提取人脸的面部特征，来识别或认证特定自然人。因此，人脸识别的过程就是认证和识别特定自然人的过程。而在实践应用场景中，人脸识别技术的功能又可以被分为"验证"和"识别"，相对应的，"脸"的内涵也相对应地体现为"身份"和"个性"，两者是相互区别的，而我们往往会将两者混为一谈。

---

〔1〕 参见洪延青："人脸识别技术的法律规制研究初探"，载《公众号"网安寻路人"》2019年第8期，第85~87页。

人脸识别技术的第一种功能是指"验证",也可以称为"认证"。通俗地说,就是来认定"你是谁",即你是张三还是李四。在这种场景下,这张"脸"的内涵就是人的"身份",即"脸"代表的是这张"脸"的主人是具体的哪个人,用个形象的比喻来说,就是每个人"随时携带和展示带有个人照片的身份证"。

比如在火车站、机场等应用场景下,通过人脸识别技术来进行身份比对,这就是通过人脸识别技术对乘机人、乘车人进行"人证合一"的核验。在这种场景下,通过人脸识别技术来进行身份验证,和过去通过人工来完成"人证合一"的比对工作相比并无差异,相反,它具有非接触性、一次性多人识别、节约人工成本的优势,能够提高"人证合一"比对的效率、便捷和舒适感。

此外,这种"验证"功能还体现在很多相似的应用场景下,例如,可以作为政府保障公民安全和打击犯罪的有力手段,为抓捕犯人、打击犯罪以及追踪、监控恐怖主义活动提供帮助,有利于增强公共安全和监控警情;还可用于追踪失踪儿童,在远程支付中认定是否是本人交易等,总而言之,在这种应用场景下,"脸"的含义,就是为了证明"身份",只要能认证到"此人是张三"的程度即可。

总体而言,人脸识别技术的"验证"功能是作为社会管理的辅助手段,其中包括安全、打击犯罪、提高社会效率等社会公共利益和社会福祉,在这种场景之下,"脸"具有一定的社会属性,或者可以称为"弱社会属性"。笔者认为,在这种"脸—身份—弱社会属性"的应用场景下,在合法合规的前提下,可以适当提倡人脸识别技术的应用,但是,仍然需要关注以下两项法律问题:

第一,在公权力行为(包括特定主体被授权履行特定社会管理职能时）的应用场景下，需要考虑行为的合法性依据和比例原则。

比如在世界首例警方使用人脸识别技术合法性判决，即 R (Bridges) v. CCSWP and SSHD 一案中，针对南威尔士警方自 2017 年起开始试点使用自动人脸识别技术（对从闭路电视中获取的公众人脸进行实时处理，抽取面部生物识别信息，并将该信息与监视名单上的人的面部生物识别信息进行对比），法院认为，该行为是行使法律或法律原则所赋予某人的职能所必需的，而警察负有普通法上预防和侦查犯罪的义务，而且，执法目的符合比例标准且"处理是绝对必要的"。

在是否符合"比例标准"测试中，要考虑"措施的目标是否重要到足以证明对基本权利的限制是合理的；措施是否与目标有合理联系；是否能采取限制更少的措施，同时避免对目标作出不可接受的妥协；考虑这些情况及后果的严重性，是否可以达成个体权利和社群利益的平衡"。[1]

因此，人脸识别技术在抓捕逃犯、追踪儿童、智慧城市等等场景下的应用，也通常会被认为是具有合法性和符合比例原则。而在曾经媒体所曝光的"厕所用人脸识别技术来达到避免人们重复取纸"的应用，和这张"脸"的重要性和可能的泄露风险相比，实在是没有采用人脸识别技术的必要。

此外，在曾被关注"用人脸识别技术识别行人，并公示违反交通法规的行人部分信息"，笔者认为，这是被"新技术"（人脸识别技术）掩盖下的"老问题"，不管人脸识别技术是否被应用，即我们实际上更关注的是，交通主管部门对违反交通法规的行人个人信息进行公示是否合法？

---

〔1〕参见王新锐等："解读世界首例警方使用人脸识别技术合法性判决"，载公众号："网安寻路人"，2019 年 10 月 13 日。

第二，在商业行为的应用场景下，应当严格遵循知情同意原则和最小必要原则，并且不得将人脸识别作为唯一的身份认证方式。例如在远程支付确认主体身份、小区门禁、健身房门禁等的应用场景下，应该向信息主体充分、明确地作出说明，并征得信息主体的明示同意。在信息主体拒绝提供人脸进行身份认证的时候，应当提供其他可供选择的认证方式，比如人工核验身份的方式。

在欧盟"人脸识别进校园"被判违反欧盟 GDPR 的案件中，瑞典一所高中用人脸识别技术来统计学生的出勤率，正是违反了知情同意原则，因为学生在学校董事会管理之下，该学校征得的同意不是"自由做出的"，而且学校收集生物识别信息的目的只是为了监控学生出勤，为实现这一目的，可以采取其他更为保护个人数据的方式。

第三，无论是在公权力行为或者商业行为的场景之下，都需要充分考虑人脸这一面部特征信息的敏感性和重要性，需要选择最适当的安全保护措施加强保护。毕竟这张"脸"作为个人生物识别信息的一种，不仅是个人信息，更是属于个人敏感信息，"一旦泄露、非法提供或滥用可能危害人身和财产安全，极易导致个人名誉、身心健康受到损害或歧视性待遇等的个人信息"。

三、"脸"的三重内涵之三："个性"与其私人属性

人脸识别技术的第二种功能是指"识别"，和"认证"功能下确认"脸"的主人的"身份"不同，通俗地说，就是来指出"你和别人有何区别"，也就是你之所以是你，而不是另一个人，具有什么样的特质。在这种场景下，"脸"代表的内涵是这张"脸"所代表的"个性"。人脸识别技术中的"识别"功能，

直白地说，就是穿透过这张表面的"脸"，通过特定的算法来直接触达我们的内心，确认我们是什么样的人。比如，之前被新闻所报道的，用人脸识别技术来判断"脸"的主人性取向是否异常、是否有暴力倾向，新零售场景下是否是属于有购买能力的客户，北京地铁将应用人脸识别技术对乘客实施分类安检等，都是通过人脸识别技术对"脸"的主人进行区别、识别、归类。

这里的"脸"的第三重内涵，即"个性"就具有很强的私人属性，类似于私人信息，例如，作为"脸"的主人在性取向、购物倾向、兴趣爱好等方面，除非是自愿对其他人公开或者披露，否则"脸"的主人有权利以自己希望的方式呈现自己的个性，有权利保留自己的这种私人信息，而不是通过人脸识别技术，被动的、赤裸裸的把自己认为私密的信息向其他人展示。

不可否认，在新零售领域，通过人脸识别技术可能会更快地甄别出购物者是不是 VIP 顾客，更精准地匹配购物者的购物倾向，但是这也应当是建立在客户基于完全主动自愿的基础上。否则，谁还不能享受一下"蒂芙尼早餐"中 windows shopping 的乐趣呢？难道我买不起（通过我以往的消费记录等信息推断出），我就连接受销售员的推荐、试一试漂亮衣服的资格也将被剥夺了吗？

现在没有信息能够表明北京地铁将通过何种人员分类标准，来应用人脸识别技术对乘客实施分类安检，但是，如果是通过特定户口地域、国籍、职业、是否有前科等人员分类标准来进行识别，笔者认为都是不可取的，因为这实质上是在推定特定户口地域、职业、有前科的人都是比其他人更危险、更需要进行安检的人，这直接违背了平等、公正、公平的基本价值理念。

而且，以算法为基础的人脸识别技术本身，仍然存在着算法黑箱，很难保证这种穿透过"脸"的外表、来揭示"脸"背后的"个性"是否存在错误,是否会带来不公平和歧视。美国亚马逊人脸识别软件将 28 名议员识别成罪犯的故事就是明证。犹记得,当年孙志刚事件中,孙志刚因为没有带身份证被当作"三无"人员被收容后遭到其他被收容人员殴打致死的惨剧。谁能保证今天的人脸识别技术本身不会出错,我们中的某个人在某一天不会被当作潜在的坏蛋而被区别对待?

因此,在人脸识别技术体现为"识别"功能,在"脸—个性—私人属性"的应用场景下,应当严格限制人脸识别技术的应用,并且在应用中应当满足以下两个前提条件:

第一,严格遵循"知情+明示同意"的原则。在信息主体充分、明确知晓个人生物识别信息会被如何收集、使用以及其后果的情形下,得到信息主体明确的同意,才能够使用。

第二,应当遵循最小必要原则。信息收集者应当采取必要措施保障个人生物识别信息的安全,例如,尽可能通过对生物识别信息进行处理,如提取信息特征、而不直接存留个人面部特征信息的方式进行应用,即使在留存个人面部特征信息的情形下,保存也不得超出实现业务目的所必需的最短时间。

四、结　语

在不同的应用场景下,我们的这张"脸"可以分解为"外在形象—身份—个性"三重内涵,也依次地呈现出"社会属性—弱社会属性—私人属性"的公私属性;因此,当这张"脸"表达的内涵中蕴含的私人属性不断递增时,法律也相应地逐步提供了由"有限保护—弱保护—强保护"不断增强的保护模式。

解读世界首例警方使用人脸识别技术合法性判决

王新锐　北京市安理律师事务所高级合伙人

摘要： 针对警方出于侦查犯罪的目的，使用人脸识别技术，获取公众面部生物识别信息引发的 R（Bridges）v. CCSWP and SSHD 一案，英国法院从是否违反《欧洲人权公约》、数据保护立法和公共部门平等职责等维度，确认了警方行为的合法性。基于面部识别特征数据的特殊性，以及隐私和数据保护的重要性，该判决的核心问题在于人脸识别技术是否被合理地使用。一方面，公权力对个人权利的干涉应当满足合法性原则和合比例标准，在保护个人权利和公共利益之间达到平衡。另一方面，数据保护立法较为原则，缺乏具体适用规则，也依赖于对合比例标准的判断。因此，法院对"合法""合比例"的解释至关重要。但能否合法使用人脸识别技术不能仅依赖于法院的解释，数据保护立法具体化是未来努力的方向。

2019 年 9 月 4 日，英格兰和威尔士高等法院行政庭就 R（Bridges）V. CCSWP and SSHD 一案作出判决，肯定了南威尔士警方使用人脸识别技术的合法性。对此，原告称将提起上诉。据报道，这是世界首例关于使用自动人脸识别技术合法性的案件。虽然本案是针对公权力机关的司法审查之诉，判决也有其欧洲和普通法背景，但在人脸识别技术被广泛运用时代下，判决本身和其涉及的利益平衡、隐私和数据保护问题，所引发的思考是跨部门、跨地域的。

一、事实与诉讼请求

南威尔士警方自 2017 年起开始试点使用自动人脸识别技术（Automated Facial Recognition technology），本案中争议的使用方式叫做"AFR Locate"，即对从闭路电视中获取的公众人脸进行实时处理，抽取面部生物识别信息，并将该信息与监视名单上的人的面部生物识别信息进行对比。若匹配未成功，抽取的面部生物识别数据和相关人员的照片不会被存储；成功匹配的相关数据则最多会被保留 24 个小时；闭路电视记录根据相关标准保存 31 天。

原告 Edward Bridges 就南威尔士警方使用 AFR Locate 整体以及两次自己在场的试点情况提起诉讼。诉讼请求主要涉及三方面：违反《欧洲人权公约》；违反数据保护立法；未尽公共部门平等职责。

二、判决思路

针对原告三个方面的诉讼请求，法院进行说理和判决。

（一）违反《欧洲人权公约》

原告认为，南威尔士警方使用 AFR Locate 违反了《欧洲人权公约》第 8 条的规定。

《欧洲人权公约》第 8 条规定：

人人有权享有使自己的私人和家庭生活、家庭和通信得到尊重的权利。

公共机构不得干预上述权利的行使，但是，依照法律规定的干预以及基于在民主社会中为了国家安全、公共安全或者国家的经济福利的利益考虑，为了防止混乱或者犯罪，为了保护健康或者道德，为了保护他人的权利与自由而有必要进行干预的，不受此限。

结合原告的诉讼请求，法院按照以下三步进行分析：①南威尔士警方的行为是否对第 8 条第 1 款规定的权利进行了干预；②南威尔士警方使用 AFR Locate 是否为"依照法律规定"；③南威尔士警方使用 AFR Locate 是否满足判例法确立的合比例标准。

1. 是否对第 8 条第 1 款规定的权利进行了干预？

法院综合判例分析，认为答案是"是"。

尽管第 1 款的覆盖范围很广，但判例已经确立了防止滥用这一条款的三重保障：一是指控的对个人自治的威胁或攻击必须有一定程度的严重性；二是原告必须有"合理的隐私期待"；三是第 1 款的覆盖范围可能被第 2 款证明合理的情况大大削减。

在这样的背景下，法院仍认为南威尔士警方的行为构成了对第 1 款规定的权利的干预。AFR Locate 技术抽取了个体的唯一信息和标识符，使得这一个体在很多场合都能被精确识别，AFR Locate 产生的生物识别数据是重要的个人信息。面部识别信息具有"内在隐私（个人）性"（intrinsically private）的特征，即使这种生物识别数据是从"在公开场合显示的"人脸特征中获得的，也不能改变这一事实。而且，不论是否保存这种数据，只要一开始进行了收集，就能触发这一条款。

2. 南威尔士警方使用 AFR Locate 是否为"依照法律规定"？

依照《欧洲人权公约》第 8 条第 2 款，这种干预必须是依照法律规定的。原告对于这一点的两个主张是：①使用 AFR Locate 没有法律依据（legal basis），南威尔士警方没有权力部署 AFR Locate；②对第 8 条第 1 款所规定的权利的干预并未受制于足够的法律框架（legal framework），因此警方的使用没有可预见性、可预测性，更不具备合法性，无法满足第8条第2款。

（1）使用AFR Locate是否有法律依据？法院认为，本案中，警察的普通法权力已足以使南威尔士警方和国务大臣使用该设备：普通法下，警察负有预防和侦查犯罪的义务，这一义务对应着采取措施防止犯罪的权力；警方的一般权力包括了为预防和侦查犯罪而使用、保留、披露个体的图像；警察可能为预防和侦查犯罪等目的而合理使用个体的照片，照片可能是任何人的。

（2）使用AFR Locate是否有足够的法律框架？根据判例，《欧洲人权公约》第8条第2款所称的"依照法律规定"的标准为：①该行为必须"有国内法依据"，必须符合法律原则；②法律框架必须已发布、可理解，必须存在发现其规定是什么的可能性；③该法律必须不会被任意解释，足够清晰明确地表明有权机关的裁量范围和实行方式；④若争议措施是自由裁量权，则不要求过于严格的制度，以避免对基本权利的不合理干预，但要求有保护措施，防止过宽的裁量导致任意性、防止对公约权利进行不成比例的干预；⑤规定措施适用的规则不一定是成文法，只要在法律框架内且有有效的执行方法即可；⑥合理可预测性不意味着所有可能的问题的答案都被编入法律。

法院认为，在分析相关法律框架需要什么条件时，应根据不同类型的生物识别信息本身的情况进行评估，而面部生物识别信息因作为人类唯一标识符而显得非常重要。法院认为，南威尔士警方采取的公开措施使其部署AFR Locate不构成"隐蔽监视"，因此不适用《2000年规制调查权法》（Regulation of Investigatory Powers Act 2000）的相关部分。法院进一步确定，除了普通法之外，AFR Locate运行所仰赖的法律框架由三个元素或层次构成：①初始立法；②在初始立法下发布的二级立法文件，即实践准则；③南威尔士警方自己的政策。每种元素都提供法律上可执行的标准，三种元素在普通法的背景下一同被考虑，得出使用 AFR Locate 有足够的法律框架的结论。具体而言，本案中的①初始立法为《数据保护法》；②二级立法文件为《监控摄像机实践准则》，系由内政部根据《2012年保护自由法》颁布；③南威尔士警方自己的政策包括南威尔士警方的标准操作流程、南威尔士警方的部署报告、南威尔士警方对于敏感处理程序的政策，尽管上述政策都并非最终版本，但加在一起，可以提供额外信息，告知如何、何时、何种情况下使用 AFR Locate。

因此，法院认为，使用 AFR Locate 存在足够的法律框架。

3. 南威尔士警方使用 AFR Locate 是否满足判例法确立的合比例标准？

欲证明《欧洲人权公约》第8条第1款所规定的权利的干预为正当，其必须满足 Bank Mellat v. Her Majesty's Treasury (No.2) 案确立的合比例标准，即必须通过以下四步测试：

（1）措施的目标是否重要到足以证明对基本权利的限制是合理的；

（2）措施是否与目标有合理联系；

（3）是否能采取限制更少的措施，同时避免对目标作出不可接受的妥协；

（4）考虑这些情况及后果的严重性，是否可以达成个体权利和社群利益的平衡。

对于前两点，双方已经达成共识没有问题，因而法院主要对后两点进行分析。

法院认为，南威尔士警方被诉的两次使用行为并非不成比例。具体的事实有：警方部署 AFR Locate 时进行了一系列措施告知公众，保持了部署的透明性；每次使用该技术都有时限、覆盖的范围有限；使用目的为识别符合警方利益的特定个体、并确实帮助找到了特定个体、被诉的两次使用都未导致误捕；除原告外没有人对自己受到的待遇提出异议；对于原告的权利限制仅限于对其生物识别信息近乎即时的算法处理及删除，而不涉及对原告信息的披露、存储；并未意图识别原告；原告并未被警察询问。

综上，法院认为南威尔士警方使用 AFR Locate 并未违反《欧洲人权公约》第 8 条的规定。

(二)　违反数据保护立法

原告认为，被告既违反了《1998 年数据保护法》，也违反了《2018 年数据保护法》。实际上，南威尔士警方的涉诉行为都发生在《2018 年数据保护法》生效前，但各方都请求法院将事实视作发生在《2018 年数据保护法》开始适用后，法院接受了该请求。在这一部分，法院分析了原告关于《1998 年数据保护法》《2018 年数据保护法》第 34 条、《2018 年数据保护法》第 64 条的诉讼请求。

1.《1998 年数据保护法》

《1998 年数据保护法》要求数据控制者必须遵守数据保护原则。第一条原则是：

应该公平、合法处理个人数据，特别是，除非以下情况，不得处理个人数据：

(a) 至少满足附件 2 中的一个条件，且

(b) 对于敏感个人数据，至少也同时满足附件 3 中的一个条件。

第一，关于使用 AFR Locate 在多大程度上包括了对个人数据的处理，双方的分歧在于，除了监视名单上的人的数据，其

他被拍下的人的数据是否是此法下的"个人数据"。《1998年数据保护法》下,"个人数据"指"关于一个或者的个体的数据,可以通过以下方式识别该个体:(a)以该数据,或(b)以该数据和数据控制者所持有,或可能持有的其他信息"。南威尔士警方认为,其并未尝试识别那些不在名单上的人,因此关于这些人的信息不是"个人数据"。

法院指出,有两条路径判断是否是"个人数据",一是某数据与其他数据结合是否可以识别个人,即"间接识别",二是某数据是否可以"个体化"到某个人。本案中,法院认为,采用第二条路径可以判断原告的图像是其个人数据。

第二,根据在上一诉讼请求部分的分析,法院认为南威尔士警方的处理满足了合法、公平;而各方同意生物识别数据是个人数据但并非敏感个人数据(《1998年数据保护法》没有"生物识别数据"的概念,此类数据也并未被涵盖在《1998年数据保护法》中"敏感个人数据"的定义内),且满足了附件2第6段(为数据控制者的合法利益所必要而处理,且不因干预数据主体的权利、自由或合法利益而不合理)的要求,也不排除其满足第3段(对于遵守合法义务所必要)、第5(d)段(行使公共职能、以公共利益行使所必要)。

因此,法院判定被告没有违反《1998年数据保护法》。

2.《2018年数据保护法》第34条

《2018年数据保护法》第34条要求有权机关"必须能够证明遵守了此章",而该章条款规定了数据保护原则。其中与本案有关的是第35条数据保护第一原则:"为任何执法目的处理个人数据必须合法和公平。"

第35条 数据保护第一原则

(1)数据保护第一原则是,为任何执法目的处理个人数据必须合法和公平。

(2) 为任何执法目的处理个人数据，只有基于法律或在以下任意一种情况下才是合法的：

数据主体同意以为此目的处理，或

为履行有权机关为此目的执行的任务，必须进行这种处理。

(3) 另外，当为任何执法目的进行的处理是敏感处理时，该处理只有在 (4) (5) 规定的情况下才被允许。

(4) ……

(5) 第二类情况是——

该处理对执法目的来说是绝对必要的，

该处理至少满足附件 8 中的条件之一，

在进行处理时，控制者当场有合适的政策文件。

(6) ……

(7) ……

(8) 本条中，"敏感处理"是指：

处理揭露种族或民族、政治意见、宗教或哲学信仰或工会会员信息的个人数据；

为识别唯一个体而处理基因数据，或生物识别数据；

处理关乎健康信息的数据；

处理关于个体的性生活或性取向的数据。

原告认为涉及"敏感处理"问题，且未能满足第 35 (5) 条规定的允许处理的情况。

(1) AFR Locate 是否包括了"为识别唯一个体目的"而处理公众的生物识别数据（敏感处理的定义）？法院确认，公众的面部生物识别数据符合法条规定的"生物识别数据"的定义，而公众的生物识别信息被处理是为了进行对比，满足"为识别特定个体目的"。因此必须满足第 35 (2) 条的要求（对于执法可以处理个人数据的条件规定)。

(2) AFR Locate 是否满足第 35 (5) 条的条件(允许为执法目的进行敏感处理的情况)? 法院认为, 就执法目的来说"处理是绝对必要的"而言, 基于原告对"绝对必要"的诉讼请求基于上述《欧洲人权公约》下的合比例诉讼请求, 此前关于合比例的论证足以证明南威尔士警方的处理是绝对必要的。

第二个条件要求满足《数据保护法》附件 8 中的至少一个条件, 南威尔士警方所仰赖的是附件 8 中的第 1 段:

该处理:
(a) 为行使法律或法律原则所赋予某人的职能所必需, 且
(b) 为重大公共利益的原因所必须。

相关的法律原则是普通法防止和侦查犯罪的义务, 而"必要性"问题同样在上述证明合比例时得到论证。因此, 法院认为, 也满足第 35 (5) 条的第二个条件。

对于第三个条件, 南威尔士警方依赖自己的 2018 年 11 月的政策文件《为执法目的进行的敏感处理政策》。法院认为, 虽然该政策文件满足了《数据保护法》第 42 (2) 条对此类政策文件的字面要求, 但由于该文件的描述较为简短、缺乏细节, 没有对相关政策进行系统性的认定和陈述, 不像是面向公众的, 其是否能够完全满足《数据保护法》的要求, 可能被质疑。但是, 《数据保护法》的条文规定本身具有一般性, 法院建议信息官提供指导[1], 而信息官给出的意见是, "理想的情况下", 南威尔士警方的政策应该更加详细, 法院表示同意, 同时也指出,

---

[1] 注: 信息官是英国负责信息权利保护的机构"信息官办公室"的负责人, 《数据保护法》中关于为执法目的处理个人数据的规定等内容, 由英国的信息官负责监督与实施。

在当前节点，法院不必也不宜过多干预来判定南威尔士警方的政策是否满足《数据保护法》第42（2）条的要求，最好由信息官继续指导。

3.《2018年数据保护法》第64条

《2018年数据保护法》第64条规定了当数据处理可能导致对个体权利和自由的风险时，控制者进行数据保护影响评估的义务和评估的具体内容。被告认为南威尔士警方的影响评估有缺陷。法庭判定，南威尔士警方的评估满足了《2018年数据保护法》第64条的要求。

（三）未尽公共部门平等职责

根据《2010年平等法案》（the Equality Act 2010）第149（1）条，公权力部门在行使职权时必须充分考虑以下三个因素：①消除歧视、骚扰、受害和其他《2010年平等法案》禁止的任何其他行为的需要；②推进有相关受保护的特征和没有相关受保护的特征的人之间的机会平等；③培养有相关受保护的特征和没有相关受保护的特征的人之间的良好关系。

原告认为，南威尔士警方未能在评估中考虑AFR Locate可能造成间接的性别、种族歧视，违法了《2010年平等法案》要求权力机关尽应有注意，消除歧视、促进良好关系的规定。

法院认为原告的观点有不现实之处。没有迹象表明，当2017年4月南威尔士警方开始对AFR Locate进行试点时，已经识别或应当识别该软件可能造成间接歧视；现在也没有确定的证据表明该软件会产生间接歧视的后果。法院认为，南威尔士警方从2017年4月开始AFR Locate试点起已经尽到应有注意，其评估文件也能够证明这一点。

综上，法院驳回了原告的所有诉讼请求。

三、启 示

判决书的介绍部分提到,"中心问题是英国的现行法律制度是否足以保证 AFR Locate 在自由和文明的社会中被恰当和非任意地使用","AFR Locate 对隐私和数据保护的影响之争议位于这个案件的中心"。本案涉及看起来很难给出精确答案的利益平衡问题,同时,又至少能从中提炼一些可把握的合法要点。另外,法院对于面部识别特征数据的定位,以及法院传达的对法庭之外举措的进一步希冀,亦值得关注。

（一）面部识别特征数据的特殊性

对于面部识别特征数据,至少有两点可以注意。一是法院重视面部特征数据的精确性和独一无二性,这与落入个人数据范围和保护私人生活相关;二是法院强调其与其他生物识别数据的不同,也由此指出了使用 AFR Locate 的特别法律框架。

在分析南威尔士警方使用 AFR Locate 是否违反《欧洲人权公约》第 8 条时,法院基于该生物特征数据的精确性与独一无二性,以及保护个人数据与尊重私人生活的关系,将其认定为公约第 8 条第 1 款私人生活的保护范围。

在分析使用 AFR Locate 是否有足够的法律框架时,法院强调,"在评价合适的法律框架需要什么条件时,应根据不同类型的生物识别信息本身的情况进行评估",而"面部生物信息因作为人类唯一标识符而重要",也不同于 DNA 等其他生物识别数据。由此出发,指出了运行 AFR Locate 在普通法之外的三层法律框架。

抛开欧洲人权和普通法的背景,在认可对面部特征数据作为生物识别数据进行保护时,其特殊性以及相应使用的守法框架,不失为一个思考方向。

（二）难把握的利益平衡与可把握的合法方向

法院需要在保护个人权利和侦查与预防犯罪的公共利益之间达到平衡，这一问题的答案很难是精确的，且不论法院作出何种选择，都难以让每一方信服。不过，在较难具体把握的"合比例""公平"等概念之外，仍然可能把握住一些具体、实在的合法方向。

对于违反《欧洲人权公约》第8条的诉讼请求，法院判定警方确实是干预了"私人和家庭生活、家庭和通信得到尊重的权利"，但这种干预是"依照法律规定"且合比例的，满足了《欧洲人权公约》第8条第2款不受限的条件。

对于违反《1998年数据保护法》和《2018年数据保护法》第34条的诉讼请求，法院并未将被拍到的普通公众的数据排除出个人数据、生物识别数据范围，但最终确认南威尔士警方的处理是合法、公平、必要的，而其中对于合法、公平、必要的判定很大程度上有赖于《欧洲人权公约》诉讼请求部分对其合比例的分析。

具体到《欧洲人权公约》诉讼请求部分，综合起来使法院确认南威尔士警方行为合法、合比例的事实有：有警察的普通法权力作为法律依据，有《数据保护法》《监控摄像机实践准则》和南威尔士警方自己的一套政策结合作为法律框架，警方部署时进行了一系列措施告知公众以保持部署的透明性、每次使用该技术都有时限、覆盖的范围有限，使用目的为识别符合警方利益的特定个体、确实帮助找到了特定个体、被诉的两次使用都未导致误捕、除原告外没有人对自己受到的待遇有异议、对原告的生物识别信息进行了即时算法处理与删除而无涉及披露存储、并未意图识别原告、原告未被警察询问。

在有明确的相关立法，特别是数据保护方面的相关立法的情况下,严格遵守此类法律的明文规定和原则要求,显然是必要的。至少可以看到,南威尔士警方没有公然违反《数据保护法》等法律和文件的行为,且其行为一定程度上显示出对《数据保护法》等法律的原则的遵守,也未造成可见的严重后果。

(三)法庭之外的努力

南威尔士警方在其颁布的《〈2018年数据保护法〉第3部分下的为执法目的敏感处理政策》中规定了其应如何遵守《2018年数据保护法》规定的六项数据保护原则(合法与公平、数据最小化、准确性、存储限制、完整性和秘密性),但正如上文指出,规定较为简略,缺乏细节描述。在评价南威尔士警方的政策文件时,法院指出,由于《数据保护法》条文本身的一般性,且信息官的网页也并未提供法条原文之外的指导,法院建议信息官继续提供指导。

即使以"合法"为目标,法律条文的一般性和模糊性也难免导致公众对如何才能达到"合法"的疑惑。现实中,也难以由法院完全承担解释条文的责任。法庭之外,包括信息官的指导在内的多方面的努力,有利于指导公权力机关进行合规,也有利于公权力机关为自己的执法行动制定更明确的政策、给公众更明确的可预期性。

实际上,本判决作出后,原告在其推特上表示"这一邪恶的技术破坏了我们的隐私,我将继续和对其的非法使用做斗争,以保证我们的权利受到保护,保证我们不受政府不成比例的监督。"尽管原告称这一技术是"邪恶的"(sinister),从其言论中仍能看到,除了隐私和权利,其关切主要在于"非法使用"和"不成比例",而非直接否定这一技术的使用。而如何才是"合法""合比例",仍待进一步地讨论和努力。

生物特征识别信息商业应用的中国立场与制度进路
——鉴于欧美法律模式的比较评价

商希雪 中国政法大学刑事司法学院网络法学研究所副所长、讲师

摘要：针对生物特征信息的唯一识别作用及其经济价值，法律应合理平衡公民数据安全与生物技术产业发展、公共管理效益、个人生活便利之间的多方利益冲突，并同时促进生物识别技术的创新发展。由此，在个人信息分级分类保护制度建设中，生物特征识别信息有其专门的规则构建路径，包括规范文件形式、文本整体框架、具体规制对象、技术保护要求、技术工具监管等方面。关于生物特征信息的收集与应用的具体规则设计，我国制度建构进路将主要围绕以下四个维度探讨：①法律规范体系的结构化安排；②规制框架的样本参照方案；③立法内容的多维规制层面，涉及企业安全责任、市场交易规范、信息主体权利等方面；④提前的司法救济模式。

鉴于个人生物特征信息的不可变更性与主体唯一性，生物特征信息一旦被泄露或冒用，可能会对信息主体造成难以弥补或永久性的伤害与损失。因此，相对于其他个人信息的泄露风险，生物特征信息的泄露明显呈现高危性。并且生物特征信息的安全极度依赖技术保障，而目前生物识别技术的发展阶段尚

不够成熟,其更新速度与趋势也难以预测。因此,在各项互联网认证技术中,对生物特征信息的识别技术存在相当的不安全与不稳定性。生物特征信息经生物识别技术认定后,[1]被识别主体可直接处分与合法控制该身份下的人身与财产权益,与密码控制模式相比,生物特征信息一旦被盗用不可通过重新设置而更改,因此必须对其进行高度保护。对比欧美已有的生物信息法律制度,我国对于生物识别信息的制度建设尚不完善,需及时跟进生物识别信息商业应用的规范设置。

一、美国生物特征识别信息立法规制与发展态势分析

美国是世界上最早颁布生物特征隐私保护法律的国家,但各州呈分散式立法状态。其中,伊利诺伊州、得克萨斯州与华盛顿特区在生物特征隐私立法上较为积极,已经出台了专门的生物特征隐私保护法案。目前,马萨诸塞州、纽约州、特拉华州、阿拉斯加州、密歇根州等也正在考虑制定生物特征隐私保护法。因此,美国相关州的生物信息立法活动,为以下比较分析提供了研究范例。

(一)美国各州的立法规定比较

1. 各州立法建设现状

在美国,目前还没有统一与全面的联邦法律规范生物特征数据的收集和使用。除了伊利诺伊州、得克萨斯州和华盛顿州,其他所有州都允许雇主或消费者公司收集和分析生物特征信息,而不需要向个人披露或发出任何通知。作为世界上首部生物特

---

[1] 严格来说,"生物识别特征"与"生物特征识别信息"存在本质区别,理论上有其各自的学术定义,本文也对此区别做出了具体阐述。但在本文书写过程中,鉴于不同语境中的描述便利,文中混合使用"生物识别特征""生物特征识别信息""生物识别信息""生物特征信息""生物特征识别数据"等,均视为同义描述。

征信息隐私保护法律，2008年，伊利诺伊州立法机构通过了《伊利诺伊生物特征隐私法》。[1]需要注意的是，在法律适用与权利行使方式上，伊利诺伊州是目前唯一一个允许公民个人对于违反《生物识别信息隐私保护法》的行为提出私人司法诉讼的州。但是，尽管伊利诺伊州在2008年就通过了BIPA法案，但直到2015年才发生针对企业违反该法律提起的5起集体诉讼，在此之前，该法尚未得到现实适用。最近，2019年8月8日，旧金山美国第九巡回上诉法院驳回Facebook希望撤销一项集体诉讼的申请。在该集体诉讼中，提起诉讼的为伊利诺伊州用户，针对Facebook未经用户同意非法收集并存储数百万用户的生物识别数据的行为。[2]由此看到，尽管这项法律已经制定了11年，鉴于目前生物识别技术的发展与应用，该法具有普遍适用的潜力。因此，如果企业在伊利诺伊州经营与生物识别有关的业务，就有必要继续关注该法的适用及变化。[3]得克萨斯州于2009年颁布了《生物特征隐私法》，2017年6月，华盛顿州成为第三个通过《生物特征隐私法》的州。阿拉斯加、康涅狄格和新罕布什尔等其他一些州也提出了颁布生物识别数据法的计划。加利福尼亚州在2018年底加强了消费者隐私保护条例，也明确涉及生物特征数据的特殊保护规定。

2. 各州立法的规定差异比较

（1）生物信息权利行使路径。得克萨斯州和华盛顿州通过

---

[1] The Illinois Biometric Information Privacy Act, 740 ILCS 14/1 (2008).

[2] Sasha Ingber, Users Can Sue Facebook Over Facial Recognition Software, Court Rules, 2019-08-08, https://www.wuft.org/nation-world/2019/08/08/users-can-sue-facebook-over-facial-recognition-software-court-rules/，访问日期：2019年8月14日。

[3] Torsten M. Kracht, Michael J. Mueller, Lisa J. Sotto, and Daniella Sterns, Biometric, Information Protection: The Stage is Set for Expansion of Claims, *Lexis Practice Advisor Journal*, Spring 2018 Edition.

的生物特征数据的法律与 BIPA 相似,但并不完全相同。例如,根据得克萨斯州的法律要求,在私营主体开始收集生物识别标识符(biometric identifiers)之前,必须得到个人的知情同意,但并不需要书面同意的形式。此外,与 BIPA 不同的是,只有得克萨斯州的司法部长才能执行与适用得克萨斯州的《生物特征数据隐私法》,因为该法律没有提供公民个人行动的途径。由此看出,华盛顿州与得克萨斯州没有在其法律中提供私人权利行使的方式,而伊利诺伊州法律提供了权利救济的路径,即,公民个人可自行向法院提起司法诉讼,主张依据该法所享有的个人权利。由此看出,在公民生物特征信息的权利化认识上,各州立法存在不同的态度。

(2) 对待生物信息商业应用的态度。华盛顿州的《生物识别信息法》于 2017 年 5 月 16 日签署生效,《华盛顿州议会 1493 号法案》(2017 Washington House Bill 1493)适用于个人和非政府实体(主要指企业),规范上述主体在收集、存储和使用生物特征信息(biometric identifiers)的行为方式。在华盛顿州,任何主体都被禁止"未经事先通知、征得同意或提供防止随后将生物识别信息用于商业目的的机制,就将生物识别信息登记到数据库中用于商业目的"。《得克萨斯州买卖与交易法案》也是适用于为"商业目的"使用生物特征信息的任何主体,但是,该法并不解释"商业目的"的明确含义。由此看出,在生物识别信息的商业适用上,各州的生物信息法律文件原则旨在限制与规范、而非禁止,并且规定内容本身并不具体,对于生物信息的商业使用仍存在合法的空间。

(3) 对待面部识别应用的态度。华盛顿州的生物特征数据隐私法仅适用于被"登记"或收录于商业数据库的生物标识符,并被定义为"(正在)获取个体的生物特征标识符,将其转换为不能重构为原始输出图像的参照模板,并将其存储在与特定个体的生物特征标识符匹配的数据库中"。[1]在生物特征数据的定义上,该法明确排除了"物理或数字照片、视频或音频记录或由此产生的数据"。因此,华盛顿的法规排除了面部识别技术,社交网络和照片存储网站可使用该技术自动为数码照片给用户贴上标签。同时,《得克萨斯州买卖与交易法案》也不包括面部几何形状,这即意味着,对于面部识别的商业使用,得克萨斯州的生物特征隐私法律尚未纳入规制范围。[2]

(4)对待生物信息政府管理使用的态度。2019年2月21日,佛罗里达州立法机构提出了一项法案,旨在创建《佛罗里达州生物特征信息隐私法》(Florida Biometric Information Privacy Act)。该法的目的为对私营主体使用、收集和保存生物标识符(biometric identifiers)和生物信息(biometric information)提出了要求和限制。与以往三部法律不同的是,该法案确立了私营主体的范围。根据该法案,"私人实体"(Private Entity),是指任何个人、合伙、公司、有限责任公司、协会或其他团体。但是,该类主体不包括州或地方政府机构或任何州法院、法院书记员、法官或审判员。[3]由此看出,该法的适用对象仅限于行使公权力之外的私营个人或组织,保留了国家机关对公民生物特征信息进行公共使用的法律空间。伊利诺伊州、得克萨斯州和华盛

---

〔1〕 Fisher Phillips,"Collection of Biometric Data Raises Privacy Concerns for Employees and Compliance Issues for Employers",2018-03-15, https://www.lexology.com/library/detail.aspx?g=bcce4426-607b-4056-b65a-76f963606760,访问日期:2019年8月9日。

〔2〕 Texas Business and Commerce Code - BUS & COM 503.001(Capture or Use of Biometric Identifier)。

〔3〕 Robert A. Stines,"Florida Biometric Information Privacy Act:What It Could Mean For Your Business",2019-03-12 https://www.lexology.com/library/detail.aspx?g=795fc09e-b596-4240-8c98-db52b34e02fc,访问日期:2019年8月6日。

顿州的法律规定，在私人企业收集生物特征信息之前，必须发出特定形式的通知以征得主体的自愿同意，但在国家机关收集生物特征数据上则没有限制。[1]由此看出，尽管目前美国社会对于生物识别信息的公共使用持续发出反对声音，但是美国各州最新的专门立法所表现出的态度则并非如此，事实上，美国某些州立法对于生物特征识别信息的公共管理使用，仍持允许与积极态度。

(二) 美国制度模式评价与立法发展态势分析

对于美国来说，目前某些州已有的生物特征信息立法，主要侧重于规范劳动雇佣中私营主体在员工管理中对员工生物特征信息的保存与使用，即针对作为雇主身份（employer）的企业所作出的生物特征信息使用规范，并禁止通过利用生物特征信息获利。诚然，企业员工管理中对于指纹或面部信息的使用，并非出于盈利的商业目的。但是，对于最新的商业使用如电子支付、智能解锁、金融服务等，尚无针对性规定。需要注意的是，鉴于目前面部识别技术自身存在的缺陷与公众的不满，目前美国一些城市在立法上明确对此持禁止态度，背后原因主要是源于对公民隐私关注的考量。[2]进一步分析，无论是对于国家机关还是社会企业对生物特征信息的使用，尤其是目前人脸识别技术的使用，美国立法机构与民众整体上均呈观望甚至排斥态度。主要表现为三个方面：①在政治敏感度上，由于目前

---

[1] Anthony Zaller, "Biometrics in the workplace: Private or not?", 2018-04-13, https://www.californiaemploymentlawreport.com/2018/04/biometrics-workplace-private-not/，访问日期：2019年8月8日。

[2] 2019年5月，美国旧金山立法机构通过了禁止官方使用人脸识别技术的新法令，禁止该技术在政府机关和执法机关中使用，成了全球首个官方禁止使用人脸识别技术的城市。随后，马萨诸塞州萨默维尔市成为美国第二个禁止在公共场所使用面部识别的城市，颁布了《全面禁止面部监控条例》（Face Surveillance Full Ban Ordinance）。加利福尼亚州奥克兰市成为美国第三个禁止这种技术的城市。

生物识别技术还不能达到百分百的准确性，例如，如今的 AI 应用人脸识别技术，针对不同种族的准确率差异巨大，[1]违背了美国社会的主流政治倾向，不被社会大众所接纳。②在数据安全性方面，由于人脸识别技术建立于数据代码基础上，因此生物特征数据库的泄露风险可能导致身份冒用等严重情况的发生。③在隐私保护上，美国社会公众对于"被监控"表示反感和忧虑。在此社会背景下，反映在美国的立法层面：①在生物识别信息公共应用方面，美国社会所面临的是公众对隐私保护的呼吁，以及被"国家监控"的警惕。然而，在最近的关于生物识别信息的州立法中，2019 年 2 月 21 日，佛罗里达州立法机构提出《佛罗里达州生物特征信息隐私法》（Florida Biometric Information Privacy Act），从文件名称上可以看到，对于生物识别信息的保护，该专门立法定位和考量的是对公民隐私权的保护。然而同时，该法也仅针对私人主体作出了生物识别信息收集与使用的规范，理论上说明公权力机关有着更加广泛与自由的生物识别信息使用空间；②在商业应用上，于 2020 年 1 月生效的《加利福尼亚州消费者隐私法》（The California Consumer Privacy Act，CCPA）规定了生物信息（Biometric information）属于一类个人信息（Personal Information），[2]因此商事交易中消费者的生物识别信息保护适用一般信息保护的相关规则，例如主体同意制度等，但是没有专门针对生物特征信息的收集与使用条款。综上，整体审视美国现有的生物识别信息立法体系，由于公民对于隐私较为敏感的社会环境，因此立法文件的名称都有隐私

---

[1] 例如，亚马逊人脸识别软件 Rekognition 可能违反女性、有色人种、移民以及其他边缘化群体的民权，导致这类人群特别容易成为警方关注的目标。

[2] The California Consumer Privacy Act, Rule 1798.140 (o) (1) (E).

的用词,〔1〕似乎在显示所有的个人信息都与隐私相关。但是,从立法保护角度来看,个人信息分为隐私信息与一般信息两种类型,〔2〕在法律制度适用上存在一定的差异。

二、欧盟生物特征识别信息立法规制与发展态势分析

欧盟历来对于个人信息的法律保护要求非常严格,相关立法活动也一直走在世界前沿,其中最典型的即个人信息保护立法的世界范本《通用数据保护条例》(GDPR)。然而,对于公民生物特征信息的保护,目前欧盟立法体系中尚无专门的生物特征信息立法。有关的法律保护主要体现在 GDPR 的相关规定中,一方面,鼓励生物识别技术的创新;另一方面,要保障组织收集与保存生物识别数据的安全,并尽量实现两者之间的平衡。

(一) 欧盟的法律适用阐释

1. 现有立法规定

在生物识别信息的公共使用上,Regulation (EU) 2018/1725〔3〕规定了欧盟的机构、组织、办公室和代理处在处理个人数据时的适用规则,包括数据保护与自由流动。其中第 76 款第一条规定,在有关联盟机构、办公室或机构的法定职权范围内,确有工作必要时,并在适当保障信息主体的权利和自由情况下,可以处理公民生物识别信息。欧盟《第 2252/2004 号关于成员国

---

〔1〕 如本文所述,《2018 年加州消费者隐私法案》,旨在加强消费者隐私权和数据保护。以及,相关州的专门生物识别信息立法文件《生物特征隐私法》,均含有隐私一词。

〔2〕 赵忠东:"可识别性是公民个人信息的根本特性",载《检察日报》2018 年 7 月 8 日。

〔3〕 *The regulation on the protection of natural persons with regard to the processing of personal data by the Union institutions, bodies, offices and agencies and on the free movement of such data*,取代之前的 Regulation (EC) No 45/2001。

签发护照和旅行证件的安全特征和生物特征标准的理事会条例》对于生物识别信息在边界管制中的使用作出了专门规范，并在相关案例（Michael Schwarz v. Stadt Bochum）的司法判决中表示，[1]法律适用必须严格区分出于法律义务（基于公共目的）收集和储存的生物特征数据与为合同目的（基于主体同意）收集和储存的生物特征数据，并确认生物识别信息的必要公共管理使用是正当合理的，优先于个人权利保护。同时，值得注意的是，该案中所涉原告诉求是公民的个人数据权利保护问题，而非隐私权保护的定位。并且在该案中，欧盟法院（CJEU）也认为，以指纹为代表的生物特征识别信息保护应视为公民的宪法性权利，需要受到特别的法律保护。由此，欧盟GDPR对于生物识别信息的关注，更多是出于对公民个人信息权利的保护考虑，并且重点在于规范生物识别软件公司的数据处理行为。根据GDPR的规定，个人生物特征数据属于特殊种类的个人数据（个人敏感数据），[2]适用区别于一般个人信息的特殊保护规定。GDPR第9条第1款强调，生物特征数据应被视为一种特殊的个人数据类别，禁止用于个人身份的识别。因此，原则上，GDPR禁止为了识别特定自然人对基因数据与生物特征数据作出相关的数据处理。但是，GDPR第9条第2款亦统一规定了可以处理个人敏感数据的例外情形。那么，作为个人敏感数据的一种，生物特征信息在什么情况下可以适用于身份识别作用？主要包括以下情形：①信息主体的明示同意；②数据处理是为了数据控制者履行义务或行使权利，或者为了利益相关方在劳动和社会保障法中的权利行使；③即使未经主体同意的情况下，

---

[1] European Court of Justice, *Michael Schwarz v. Stadt Bochum* (Case C-291/12), 17 October 2013.

[2] GDPR, Rec. 10.

为保护信息主体或其他自然人的重大利益；④数据处理涉及的是个人先前已公开的私人数据；⑤为维护公共利益目的；⑥为了提出、行使或辩护法律主张；⑦为了预防医学或职业医学有关的所有事宜，例如为评估雇员的精神状况、协助医生的医疗诊断、获得健康或社会照料服务等。因此，当处理生物特征信息是为上述目的时，其处理行为是被 GDPR 所允许的。

2. 经济发展考量

事实上，欧盟 GDPR 特别关注了生物识别技术，并清楚地认识到这项技术的巨大市场潜力。虽然 GDPR 对使用生物特征数据规定了原则性的禁止，但并不意味着在 GDPR 体系下生物识别技术将被完全禁止。在取得信息主体同意的情况下，或者在某些情况下为了特定合法目的确实有必要且恰当使用生物特征信息，是被 GDPR 所允许的。也据此推断，GDPR 没有禁止生物特征数据的商业使用，但 GDPR 也确实强调了在处理生物特征数据前必须谨慎。例如，GDPR 允许成员国在国内立法中提出额外的条件或限制，尤其是对于遗传数据、健康相关数据和生物特征数据的处理。当然，GDPR 并未针对生物特征信息作出专门或额外的规定，对于生物特征信息的保护要求与措施，与其他个人敏感信息相同。用人单位员工考勤管理中，企业是否有权采集与使用员工的指纹与人脸等生物特征信息？在法律实践中，例如，对于开发生物识别软件的公司，以及使用生物识别软件进行员工管理的公司，均需对照 GDPR 作出合规性处理。[1]在欧盟的国内层面，由于欧盟成员国未能就生物特征数据的使用达成明确的共识，关于生物特征数据使用的法律要求在成员国之间仍

---

[1] Paul Sheldon Foote and Sumantra Chakravarty, EU GDPR biometric compliance systems, 2018-03-21 https://www.biometricupdate.com/201803/eu-gdpr-biometric-compliance-systems, 访问日期：2019 年 8 月 9 日。

然存在差异。

（二）欧盟制度模式评价与立法发展态势分析

GDPR 和《2018/1725 条例》共同提供了详细的公权力机关履职与自然人行使权利的规定，但两者均无专门针对生物识别信息的规范条款。在商业应用的规制体系上则主要是适用 GDPR，即企业在收集、使用生物识别信息时应遵循个人敏感信息保护制度，面临的是对于 GDPR 的合规要求，仍然是归属于个人的数据权利保护范畴，主要涉及个人的信息自决权。例如，如果软件公司没有详细的解释他们的系统如何处理生物特征数据，或者有的软件公司没有在其软件系统中设置任何保护与处理生物特征数据的配置，均被认为是违反 GDPR 的，需承担相应的法律责任。这点与美国佛罗里达州 CCPA 相似，但 CCPA 针对的是商事交易领域，保护对象为消费者群体，而 GDPR 则针对各类领域中的使用，包括公共管理领域。

三、比较视野下确立中国特色的法律制度建设立场：发展与监管并存的模式

自 2015 年来，我国持续出台利好政策，鼓励与推动人脸识别技术在金融、安防、医疗等领域中的应用。2019 年 9 月 27 日，工业和信息化部发布的《关于促进网络安全产业发展的指导意见（征求意见稿）》表示，在加快构建网络安全基础设施的基础上，国家支持构建基于人脸识别等技术的网络身份认证体系。受益于政府政策的支持，当前更多的企业与资本正大力投入到人脸识别产业的开发中，我国人脸识别技术也随之迅猛发展，在商业应用中亦愈加普及。

（一）我国发展政策与欧美态度的比较分析

从世界范围来看，随着人脸识别技术的广泛应用，欧美

立法有其各自的考量与特点。在美国，基于注重政治正确和公民积极表达隐私保护呼吁的社会氛围，人脸识别技术的公共管理应用面临公众的极大阻力，对于商业使用则会更加的困难。欧洲则已经在考虑对人脸识别等人工智能技术进行立法规制，限制公共机关与社会企业不加区分地使用人脸识别技术，同时也赋予信息主体明确的信息决定权。相较于欧美对待生物识别特征商业使用的谨慎甚至排斥态度，我国政府与民间对于生物识别技术的开发以及生物特征信息的商业使用，尤其是人脸识别的商业使用较为积极与乐观。目前，我国的人脸识别技术领先全球。在美国国家标准与技术研究院公布的新一次全球人脸识别算法测试结果中，依图科技、商汤科技、中国科学院深圳先进技术研究院三家中国团队占据了前5名。因此，鉴于我国生物识别技术产业实况，规范层面应予以充分的制度保障，以促进生物识别技术的开发与创新发展。

同时，我国也应学习欧美的审慎态度，需进一步加强立法与监管体系的建设：一方面，为公民权利保护与救济提供制度保障，如多层次多方位的主体同意制度；另一方面，企业要设立预防机制，如事前的安保设置。综上，通过两方面的努力在公民隐私保护与企业技术创新之间做出最佳平衡。总结而言，鉴于我国与欧美在社会背景与技术政策上的差异，对于我国生物特征识别信息的法律建设工作，欧美目前的法律规制体系以及立法态势中可被借鉴的制度成果是有限的，我国应立足自身发展的国情，探索与建设符合本土生物技术产业特色的生物特征识别信息法律制度。

（二）中欧美制度建构定位的比较分析

在社会反响与国家态度上，美国基于政治正确侧重和公民隐私呼吁的社会氛围，生物识别信息的公共管理使用即面临公众的极大阻力，其商业使用则会更加困难；欧洲则在考虑对人脸识别等生物识别技术进行立法规制，限制国家机关与企业不加区分地使用人脸识别技术，同时也赋予信息主体明确的信息自决权，但整体上并不绝对排斥其商业应用；相较于欧美对待生物识别信息商业应用的谨慎态度，我国政府对于生物识别技术的开发以及生物信息的商业使用表现出积极与乐观。反映在立法规制立场，理论上来说，在生物特征信息的商业应用上，欧美均非绝对禁止态度，而是持明显谨慎的态度。从比较角度，整体来看，欧盟对于生物识别信息的保护，侧重考量的是公民权利保护，并且其权利制度定位对应的是公民的个人数据权利，而非隐私权保护。这样的定位背后反映出的是欧盟个人数据权利化的进程，即，欧盟立法框架下，公民的个人数据权利已经与隐私权相互分离，成为独立的宪法性权利与基本公民权利，[1]对比来看，中美仍将个人信息权利保护与评价依附于隐私权法律制度。由此看到，在生物识别信息的制度设置上，欧美共性少、中美共性多，中美与欧盟的制度模式差异根源在于个人数据权利是否独立化确权，即，隐私权保护制度与数据权利保护制度的规制定位。具体剖析来看，对于生物识别信息的保护与使用，三者各自的立法制度定位为：①依据我国目前立法现状，体现的是个人信息安全的规制定位与趋势，同时兼顾隐私权、肖像权等人格权保护模式；②欧盟制度建设的是与隐私权相分离的个人数据权利体系，欧盟立法体系通过宪法性文件作为公民基本权利确权，并主要通过个人主动积极地行使模

---

〔1〕 European Union Agency for Fundamental Rights and Council of Europe, *Handbook on European data protection law* (2018 edition), Luxembourg: Publications Office of the European Union, 2018, pp. 19~20.

式落实其个人信息自决权;③美国某些州的立法现状,反映的是隐私权保护模式的侧重,同时兼顾个人数据安全制度。对比分析,中美欧社会对于生物识别技术发展与应用的认可度与接受度呈现差异的原因在于:基于不同的社会与文化背景,隐私理念与制度在不同国家存在各自的解读与定位,并非是孰对孰错与孰优孰劣的问题。从技术创新与经济发展角度看,欧美或许也需要适当地放松管制,增加生物特征信息进入商业应用领域的机会,使得生物识别技术规范合理地得到发展与运用,从而让技术更好的服务人类与社会。[1]概言之,针对生物特征信息的商业应用,我国应探索符合本国发展国情的制度建设路径。

(三)我国规制立场的确定

对比国外立法现状与我国目前的规制缺失状态,笔者认为,立法层面在制度建设路径上,应秉持以下建设思路:①立法建设需适应并促进生物识别信息商业应用的发展,推动与完善我国个人信息保护法律体系。生物识别技术是人工智能落地最快和商业市场规模最大的主要方向之一,2019年1月,阿里巴巴达摩院发布《2019十大科技趋势》认为生物识别技术将于2019年进入大规模应用阶段。相对于一般个人信息,生物特征信息的唯一识别特性决定了其高度保护的必要性,相关法律制度建设应及时跟进,制度建设背后则需要理论研究的支撑。②立法建设响应国家对生物技术创新的发展策略,让法律制度为技术革新及应用保驾护航。"新一代人工智能规划"等国家战略提出重点支持生物特征识别技术发展,为这一领域提供

---

[1] 参见"人脸识别争议不断,中美市场冰火两重天",载 https://baijiahao.baidu.com/s? id=1641648111277862939&wfr=spider&for=pc,访问日期:2019年11月13日。

了良好的政策环境，也得到"政产学研用"等多方高度关注。2019年6月，我国首次发布人工智能治理原则，其中包括尊重隐私、安全可控、共担责任等八项原则，如何将上述原则落实于具体的规则与制度建设中迫在眉睫。③立法建设为公民生物信息安全提供制度支撑，使产业发展与个人信息保护形成良性循环。生物特征识别信息商业创新应用极具经济价值与管理效益，但也存在一定社会风险，例如视频合成技术可能导致信息安全、色情内容、政治博弈等社会问题。立法如何平衡生物信息保护与产业经济发展间的利益冲突，同时促进生物识别技术创新发展，合理和科学的制度安排尤为关键。

四、我国生物特征识别信息的制度进路及规则设计

目前我国立法体系尚未针对生物识别信息的保护及利用做出专门的规定。立法缺失问题，一方面会导致泄露、窃取或滥用个人生物识别信息的行为更加猖獗，严重威胁公民的生物信息安全；另一方面亦不利于生物识别信息产业的规范发展。因此，我国立法工作亟须加快完善关于生物识别信息保护与利用的法律制度。

（一）我国当前的立法缺失状态

在数据安全合规问题上，我国数据企业目前采纳的合规文件与安全措施包括：《信息安全管理体系要求 ISO/IEC27001》《通用数据保护条例》（GDPR）、数据保护官制度、数据获取授权规则等。可以看到，ISO/IEC27001 与 GDPR 属于国际规范标准，而数据保护官制度在我国尚无明确法律依据，仅数据获取授权存在现实的规范依据，包括以下几类规范体系：①法律与司法解释文件：《网络安全法》《电子商务法》《消费者权益保

护法》《刑法》《最高人民法院、最高人民检察院关于办理侵犯公民个人信息刑事案件适用法律若干问题的解释》《民法典》（人格权编）等；②行业规范文件：《互联网个人信息安全保护指南》《App违法违规收集使用个人信息行为认定方法（征求意见稿）》《网络交易监督管理办法》；③推荐性国家标准：《信息安全技术　个人信息安全规范》。[1]在上述所有规范性文件中，尽管对于个人信息的收集与使用提出了具体要求，除了《信息安全技术　个人信息安全规范》《互联网个人信息安全保护指南》，其他文件均未直接明确提出对生物特征信息的专门规定。《民法典》（人格权编）第789条之一规定，从事与人体基因、人体胚胎等有关的医学和科研活动的，应当遵守法律、行政法规和国家有关规定，不得危害人体健康，不得违背伦理道德，不得损害公共利益。可以看到，该规定旨在保护被试验自然人的健康权，而非个人信息安全。因此，整体来看，对于生物特征信息的收集与使用，目前我国法律规范体系尚无特殊的法律规定。

　　需要指出，我国亦存在针对生物特征信息的专门规范文件，包括《人类遗传资源管理条例》《人类遗传资源管理暂行办法》《信息安全　安全技术　生物特征识别信息的保护要求》《涉及人的生物医学研究伦理审查办法》等。但是，《人类遗传资源管理条例》《人类遗传资源管理暂行办法》仅针对遗传资源的有效保护和合理利用，且重点关注科研领域中对遗传资源的开发、利用与共享问题，也提及了中外合作研究中的遗传资源的权属

---

[1] 具体条款包括《刑法》第253条之一、《网络安全法》第42条、《电子商务法》第23条、《消费者权益保护法》第29条、《网络交易监督管理办法（征求意见稿）》第22条第2款等。

分配问题。[1]然而，上述文件并未意识到遗传资源的商业经济价值，未对遗传资源的商业使用做以关注。因此，对比而言，在规范生物特征信息适用场景的多元性上，德国 2009 年制定的《人类基因检测法》广泛针对医疗、保险、就业、血缘鉴定等不同使用场景分别对基因检测作出了规范。而我国《涉及人的生物医学研究伦理审查办法》则是针对生物医学研究背景下的基因信息保护作出的单一场景性规范。[2]值得提出的是，遗传数据对于开展人类疾病预测、诊断、治疗与研究作用重大，是发展生物医药领域的核心竞争力之一。《人类遗传资源管理条例》第 6 条明确了国家支持合理利用人类遗传资源开展科学研究、发展生物医药产业与提高诊疗技术。随着精准医疗服务的迅猛发展，医学研究与医药开发领域对生物样本库的需求也日益迫切，越来越多的国际生物公司和医学研究人员都对生物样本数据提出了更多的业务需求。然而，在目前我国的法律体系下，生物样本数据可否被合法地进行商业使用？事实上，生物样本

---

[1] 在生物样本数据库的权属问题上：其一，对于中外合作开发的人类遗传资源，《人类遗传资源管理条例》第 24 条规定："利用我国人类遗传资源开展国际合作科学研究，应当保证中方单位及其研究人员在合作期间全过程、实质性地参与研究，研究过程中的所有记录以及数据信息等完全向中方单位开放并向中方单位提供备份。利用我国人类遗传资源开展国际合作科学研究，产生的成果申请专利的，应当由合作双方共同提出申请，专利权归合作双方共有。研究产生的其他科技成果，其使用权、转让权和利益分享办法由合作双方通过合作协议约定；协议没有约定的，合作双方都有使用的权利，但向第三方转让须经合作双方同意，所获利益按合作双方贡献大小分享。"其二，《人类遗传资源管理暂行办法》第 17 条规定了我国研发机构独立进行的遗传资源研究成果的权利归属。即"我国境内的人类遗传资源信息，包括重要遗传家系和特定地区遗传资源及其数据、资料、样本等，我国研究开发机构享有专属所有权，未经许可，不得向其他单位转让。获得上述信息的外方合作单位和个人未经许可不得公开、发表、申请专利或以其他形式向他人披露"。根据该规定，生物样本库研究开发机构应成为遗传信息资源的权利人。

[2] 田野："大数据时代知情同意原则的困境与出路——以生物资料库的个人信息保护为例"，载《法制与社会发展》2018 年第 6 期，第 111~136 页。

库的数据共享问题是生物样本数据使用中面临的最大法律挑战。《人类遗传资源管理条例》第12条第1款规定，采集我国人类遗传资源，应当事先告知人类遗传资源提供者采集目的、采集用途、对健康可能产生的影响、个人隐私保护措施及其享有的自愿参与和随时无条件退出的权利，征得人类遗传资源提供者书面同意。该规定符合个人信息收集的一般法律要求，但未针对公民生物特征信息建立起与其敏感度与隐私性相适应的特殊保护制度。

（二）我国生物特征识别信息商业应用的规制框架初探

1. 法律规范体系的结构安排

首先，应用与监管之间需要做出平衡。在法律规制层面，应完善生物特征信息在商业使用中的法律法规。针对生物特征信息安全和个人信息保护问题，建立与完善相关法律法规，规范个人生物特征信息的商业使用范围、信息分级分类制度、技术安全标准、主体授权模式、行业自律规范等内容。关于上述内容，在立法体系设置中可做以下安排：①相关的一般法律：《侵权责任法》在高度危险责任一章中规定侵犯公民个人生物特征信息的责任承担方式、《消费者权益保护法》《电子商务法》增加获取生物特征信息的特殊授权规则、保护措施与安全责任；②个人信息保护的专门法律：《个人信息保护法》《数据安全法》设置独立章节规定生物特征信息在获取、使用、披露、存储、跨境传输等事项上的特殊保护规则；③生物特征信息保护的专门法律：是否有必要出台专门的《生物特征隐私法》？笔者认为，考虑到目前我国的立法现状与理论进展，对于个人信息保护中的诸多理论问题如数据权属、权利模式、侵权救济、各方利益冲突等尚未完全厘清，《个人信息保护法》也未能及时出台。尽管美国出台专门立法的州也并未预先出台个人信息保护法，但是美国各州出台的《生物特征隐私法》并非关注与针对的是与时俱进发展中的生物识别技术，也并未对生物特征信息的商业使用做出规范，仅侧重要求私营企业妥善保管员工的生物特征信息，原则上不得做盈利使用，该类专门立法并不符合与适应目前生物识别信息的商业应用前景。所以，我国目前出台《生物特征隐私保护法》还为时过早，2019年6月25日，全国信息安全标准化技术委员会发布了推荐性国家标准《信息技术 安全技术 生物特征识别信息的保护要求》（征求意见稿），体现出我国制度层面已经关注到公民生物识别信息目前迫切的保护需求。因此，要灵活参照与引用该国家标准中设置的保护要求，以增强该国家标准的约束力与影响力。笔者认为，一方面，出台专门的行政性文件，例如可由国务院主导出台《生物特征识别技术管理暂行办法》；另一方面，颁布专门的行业规范，例如可由工业和信息化部、国家互联网信息办公室或国家市场监督管理总局主导出台《生物特征信息使用监督管理办法》，暂且为收集与使用生物识别信息的企业提供合规依据，为个人生物特征信息保护提供制度保障，避免生物特征信息产业完全的"野蛮生长"，待立法时机成熟后再出台专门与正式的立法文件。

2. 立法框架的样本参照方案

其一，在国际标准上，2011年6月，国际标准化组织（International Organization for Standardization，ISO）与国际电工委员会（International Electrotechnical Commission，IEC）联合颁布的《信息技术—安全技术—生物测定信息保护标准》（ISO/IEC 24745：2011 Information Technology—Security Techniques—Biometric Information Protection）为生物特征信息的保护提供了技术指导，生物识别信息在存储和传输过程中需要满足保密性、完整性和

可更新/可撤销性的各种要求。此外，ISO/IEC 24745：2011 为生物特征信息的安全、隐私合规管理和处理提出了要求及指南。ISO/IEC 24745：2011 具体规定了以下几方面内容：①分析生物特征和生物特征系统应用模型中固有的威胁及对策；②生物特征引用和身份引用之间安全绑定的安全要求；③生物特征系统应用模型具有不同的应用场景，包括各自场景下对生物特征信息的保存、参照与比对；④在生物特征信息处理过程中保护个人隐私的指南。

其二，在国内标准上，2019年修订版《信息安全技术 个人信息安全规范》明确指出，"个人生物识别信息"属于个人敏感信息。由此，基于《安全规范》中的相关规定，对于生物识别信息，在收集信息时的授权同意、隐私政策制定、传输与存储、访问控制措施、目的限制、共享与转让、公开披露、应急处置和报告、数据控制者的义务与责任、工作人员管理等事项的安排与设置上，均需适用个人敏感信息的特殊保护要求。另外，在明确提到生物识别信息的专门条款上，《安全规范》要求在存储个人生物识别信息时，应采用技术措施确保信息安全后再进行存储，例如将个人生物识别信息的原始信息和摘要分开存储，或仅存储摘要信息。同时，即使个人信息控制者经法律授权或具备合理事由确需公开披露个人信息时，也一律不应公开披露个人生物识别信息、基因信息。由此看出，相较于其他个人信息，生物识别信息与基因信息属于绝对的不公开范围。除正文之外，2019年《个人信息安全规范（征求意见稿）》附录D在展示隐私政策模板时，举例说明在收集身份证、护照、驾照等法定证件信息和个人生物识别信息时，应专门提醒个人信息主体此次收集活动涉及的信息，并说明处理目的、处理规则。除此之外，《信息技术 安全技术 生物特征识别信息的保护要求》（征求意见稿）[1]规定了生物特征识别信息的安全保护要求，包括生物特征识别系统的威胁和对策、生物特征信息和身份主体之间绑定的安全要求、应用模型以及个人信息保护要求与指南等。虽然《信息技术　安全技术　生物特征识别信息的保护要求》提供了可落地操作的技术标准与应用模型，具有一定的现实指导意义，但现有监管体系不应简单地适用与其他个人信息同样的主体授权同意机制，在机制设置上更应考虑对收集必要性的干预，可明确列举允许使用的情形和满足的条件，以此限制或防止生物识别信息被肆意收集与滥用。[2]此外，2019年4月10日，公安部发布的《互联网个人信息安全保护指南》建议仅存储个人生物特征识别的摘要信息，即经过分析与处理后得到的结果，该规定与2017年《信息安全技术　个人信息安全规范》中对生物特征信息的规定是一致的。同时，该指南要求有关的技术性标准与等级保护的管理、技术要求相匹配，该规定却与《信息安全技术　个人信息安全规范》中的规定存在较大不同。[3]对于上述推荐性国家标准，在立法过程中均可有选择性地纳入法律规制体系中。

3. 立法内容的多维规制角度

相对于一般个人信息（包括个人敏感信息），在规制内容设计上，生物特征识别信息亦有其特殊的保护和处理规则。笔者认为，国际与国内生物测定信息的行业标准指南提供了立法框

---

[1] 该征求意见稿生效后将取代2011年的《生物特征识别信息保护》，对比来看，征求意见稿的变动主要体现了近期对个人信息保护监管要求的更新。

[2] 辛小天："信息保护标准解读系列之二《生物特征识别信息的保护要求》解读"，载http://www.deheheng.com/Archives/IndexArchives/index/a_id/4560.html，访问日期：2019年12月13日。

[3] "《互联网个人信息安全保护指南》：企业应避免收集人脸的原始信息"，载《南方都市报》2019年4月24日。

架样本，可作为生物识别信息专门行政法规的框架基础。接下来，如何将行业保护标准纳入法律规制框架？具体的保护标准是否需要变通？落实制度又如何设置？笔者认为，数据安全的目的在于风险防范，即，刑法、民法、网络安全法等相关信息安全规定本质上针对的是个人信息的滥用或泄露问题。例如，《刑法》所规定的侵犯公民信息罪（第253条之一）与非法侵入计算机罪（第285条）均可评价数据滥用与泄露行为。而个人信息保护，则更多侧重于个人的信息权利行使，例如，《民法典人格权编》第六章相关条文。由此看出，数据安全与个人信息权利在法律规范目的上是不同的，这也意味着企业责任设置与公民权利赋能的立法侧重。一方面，信息主体该如何做出授权表示以及如何实现绝对控制效力？另一方面，对应的，数据企业的安全保障责任与信息使用规范又该如何设计？基于该思考，规制内容将重点围绕上述两类规范目的进行设计。

（1）企业的数据保护责任：数据安全侧重。例如，BIPA并不禁止收集或购买生物识别信息。相反地，BIPA要求私营实体为此制定书面政策，为销毁此类生物标识符制定保存时间表和指导方案。总结来看，BIBA对于公民生物特征信息的商业使用，主要有以下五个要求：①雇主应为员工提供书面通知，并在收集、使用或保存员工的生物特征数据之前，获得员工的书面同意。在通知中应说明正在收集的生物特征数据的类型、收集的具体目的以及收集、使用和存储生物特征数据的期限；②雇主应考虑制定和实施有关保留与处理生物特征数据的政策；③雇主应该至少以保护其他敏感和机密信息的相同方式保护所收集的生物特征数据；④雇主应当建立预防系统以防止出售、租赁或共享他们所收集员工的生物特征数据；⑤雇主通过第三方主体收集或存储生物特征数据的，应该在书面通知中包括该第三方，以及员工对第三方的同意选项，以确保第三方主体遵循恰当的安全标准。BIBA 要求企业只应该谨慎的收集必要的生物特征信息，并且保留的时间不应该超过特定业务目的时限。企业还需要一个存储、保护和共享生物特征信息的安排。该计划应是正式制定的，并采取管理、物理和技术保障措施来妥善保管所有的数据。[1]由此看出，BIBA 仅宽泛地针对生物特征信息的保留、收集、披露和销毁做出原则性规定，但对生物特征信息的商业使用，仅提及了为完成金融转账可经信息主体授权后披露。[2]由此看出，BIBA 未对生物特征信息的合理商业使用做以关注，整体上是以预防与禁令的方式为公民生物信息提供了保护机制，重点服务于雇佣单位的员工管理场景。此外，国外在过去的十年中开发了许多保护隐私的生物特征方案（PPBSs），也为未来的隐私保护生物计量学研究提供了指导。[3]在技术原理上，生物识别技术是基于计算机、物理学、生物统计学等科学原理，通过采集待识别人的生理或行为特征，与其固有特征对比，以实现用户的身份识别。笔者认为，对于生物识别软件的开发方与使用方，应设置各自的安全保障义务与责任：①对于提供生物识别服务或开发生物识别技术的企业，当生物识别软件上架 App 商店时，应提供国内或国际认证标准，以证明软件内置了必要的保障措施，会及时维护生物信息的安全存储与处理。②对于使用生物识别服务或收集、处理生物特征信息的企业，可选择与提供生物识别服务的公司合作，以达到安全技术标准。需要注意，参照《加利福尼亚州劳动法》（The

---

[1] The Illinois Biometric Information Privacy Act, Sec. 15（a）-（e）.

[2] The Illinois Biometric Information Privacy Act, Sec. 15（d）（2）.

[3] Natgunanathan, Iynkaran, et al. " Protection of Privacy in Biometric Data. " *IEEE Access*（2016），pp. 880~892.

California Labor Code)规定,如果雇主企业通过第三方机构提供生物特征识别(biometric timekeeping)服务,必须确保第三方主体无法获取与保留生物信息。

(2)企业的信息使用规则:应用规范侧重。

第一,生物特征识别信息的商业应用场景与个性化规范设置。目前,生物识别特征被广泛应用在商业盈利模式中。以美国为例,美国的人脸识别技术一直走在科技前沿,并且在商用层面早有举措。亚马逊早在 2016 年就推出了人脸识别软件 Rekognition,此外,类似的产品还有谷歌云 Vision API、IBM Watson Visual Recognition 和微软的 Face API。尤其是在创新金融服务的开发上,金融数据技术结合人脸辨识、对象辨识与客户金融数据来推测客户潜在的意图,进一步分析个人的投资喜好与信用评价等,推测出客户未来的金融需求。例如,中国信托于 2018 年 1 月成立了数研发中心投入脸部辨识的研发,意图从人脸识别中挖掘客户更深层的经济价值。中国信托计划通过国际认证,由国际脸部辨识数据库(Labeled Faces in the Wild,简称 LFW)测评,也直接使用了国际上公开释出的开源数据集进行 AI 模型测试。由此来看,金融业通过开发人脸辨识与自然语言理解技术,以增加风险管理、营销、反洗钱等金融业务。例如,智能 ATM 人脸辨识技术可以通过使用者的年龄、性别、衣着打扮等推测用户的特征,以推送定制化的广告或金融服务。由此看到,生物特征信息在电子商务中的使用场景是多元的,相应的规范也有其专门性与特殊性。同时也应注意,对于生物特征信息商业使用的分场景监管模式可能会增加执法的复杂度。这是因为,当前数字化产业中,各行业之间加速融合、各类信息流也随之汇聚,如手持身份证的面部拍照上传,会同时涉及一般个人信息与生物识别信息。因此,笔者认为,在个人信息分类分级分场景的保护模式下，宜采取"就高不就低"的保护原则，在多级个人信息保护场景中，应遵循最高保护级别信息的法律收集、处理与使用要求。

第二，人脸识别技术应用的特别关注。AI换脸可能会被用于盗刷支付，鉴于财产权益的敏感性，引起人们对面部识别应用的恐慌。支付宝负责人员曾回应AI换脸现象："不管换脸做得多逼真，都是无法突破刷脸支付的。"然而，利益驱动下视频合成技术的突破能力是难以预测的，信息技术的安全保障能力亦是不确定的。因此，真伪鉴别手段与视频造假技术的赛跑，[1]始终是悬在面部识别技术商业应用头上的"达摩克利斯之剑"。加州大学伯克利分校的计算机教授阿列克谢·埃弗罗斯甚至断言："我们赢不了这场游戏，我们能做的只是制造障碍，让坏人制造假视频的时候没那么容易而已。"大型互联网企业目前正增加投资以开发更有效识别假视频的鉴别技术。但是，预防与打击假视频所带来的社会风险，仅凭技术手段是远远不够的，必须要有法律制度的保障。深度伪造（Deepfakes）可制作肉眼难辨真伪的动态人脸画面和声音，AI换脸可以随意替换视频中人物角色的面部。随着深度伪造技术的发展，引发了社会公众对可能侵犯其隐私权、肖像权、名誉权、荣誉权的担忧。例如，日前沸沸扬扬的ZAO事件，数据企业滥用信息、并将所收集的用户信息交由公开数据库使用，严重违反了信息保护规定。相较于其他生物特征识别信息，人脸信息的盗用对于公民个人可能造成无形的荣誉或名誉损害。我国目前立法体系如何评价身份冒用行为与规制视频合成技术？《民法典》（人格权编）对此作出规定："任何组织或者个人不得以丑化、污损，或者利用信

---

〔1〕 目前用来鉴别假视频的主流技术是MediFor，主要综合视频的电子指纹、人体物理规律、额外信息等三方面作出鉴别。

息技术手段伪造等方式侵害他人的肖像权。其他人格权的许可使用和自然人声音的保护,参照适用本章的有关规定。"该规定对于盗用人脸或声音问题做出了原则性规定,提供了侵权保护的法律救济思路。参照《伊利诺伊州生物识别信息隐私保护法》中的规定,因违反该法行为受到损害的个人,对于过失侵权可以获得1000美元赔偿,对于故意侵权可以通过主张私权利获得5000美元赔偿。我国可在生物识别信息规则构建过程中,结合侵权责任的法律要件构成,予以更加细化的规定,包括过错形式、因果认定、赔偿标准、责任方式等。

(3) 用户数据权利行使路径:个人信息权利侧重。

第一,信息获取时多层授权机制与使用中主体绝对控制模式。整理2018年《信息安全技术 个人信息安全规范》中的有关规定,对生物识别信息的保护措施有:①收集生物识别特征时,应取得信息主体的明示同意;[1]②收集生物识别信息前,应明确告知收集信息的功能、用途、必要性,以及不同意的后果等事项;③存储个人生物识别信息时,应采用技术措施处理后再进行存储,例如仅存储个人生物识别信息的摘要;④(绝对)不得公开披露个人生物识别信息。前两条属于对于个人敏感信息的一般保护规则,后两条则是专门针对生物识别信息的特别规定。在保护规则的制定上,立法应侧重体现对于生物识别信息的特殊保护要求。笔者认为,在向用户征求明示授权同意时,应向信息主体告知生物识别信息的收集目的、处理方式、使用范围、再度披露规则等,还要求信息主体通过书面声明作出同意表示,并且在后续的二次使用中,仍需再次征求用户的

---

[1] 2019年修订后的《信息安全技术 个人信息安全规范(草案)》深化了"同意原则",进一步细分为"收集个人信息时的授权同意"与"收集个人敏感信息时的明示同意"。

明确（二次）授权。根据《网络交易监督管理办法（征求意见稿）》第22条第2款规定，网络交易经营者收集、使用消费者个人信息的，应当逐次征求消费者同意，不得采取一次性授权方式获得消费者同意，不得因消费者不同意收集与该网络交易活动无关的个人信息而拒绝向其销售商品或者提供服务。但是，此处的权利行使具有请求权性质，权利实现往往需要数据控制者的作为方能实现。考虑到生物特征信息具有高度的身份识别性，一旦泄露可能会给用户带来不可逆的人身或者财产损失。因此，笔者认为应在技术上设置即时生效的控制机制，尤其在网络交易中，对于消费者的生物特征信息如身份证照片、指纹、人脸信息等，用户可以随时行使更正、删除和注销的权利，并且无须任何前置条件即可当场实现与即时生效，这样即时型权利行使的方式将在很大程度地保障用户的生物信息安全。

第二，生物特征信息权利的司法救济模式。在 Rosenbach v. Six Flags Entertainment Corp. 一案中，六旗美国游乐园（Six Flags Great America）出售使用指纹识别技术的重复出入通行证。原告声称，她为她的未成年儿子购买了季票，而她的儿子在学校实地考察时被采集了指纹，而她之前既没有被告知也没有同意这个过程。她声称，尽管她的儿子没有返回公园，Six Flags 亦保留了其生物特征信息。伊利诺伊州最高法院推翻了上诉法院的判决，认为公民根据《伊利诺伊州生物特征信息隐私法》有资格成为"受损害的"人，并可根据该法要求违约金和禁令救济，即使原告尚未受到实际伤害或不利影响，而只是违反了本人根据该法所应享有的公民权利。[1] 由此看到，法院在该案中

---

〔1〕 *Rosenbach v. Six Flags Entertainment Corp.* 2017 IL App (2d) 170317, No. 2-17-0317, available at https://law.justia.com/cases/illinois/supreme-court/2019/123186.html.

确立的司法规则为：即使公民个人生物识别信息未遭受实质损害，信息主体仍有权寻求司法救济。相较于一般个人信息侵权，生物识别信息的司法保护标准非常高。笔者认为，之所以生物识别信息的司法诉讼要求较低，是为保证生物信息主体可及时主张权利，以对将来可能遭受的损失做出提前预防，毕竟一旦遭受现实损害，损害后果难以弥补。

网络犯罪

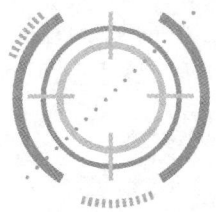

社会治理智能化建设研究报告

刘灿华　中国社会科学院法学研究所助理研究员

摘要："提高社会治理智能化水平"是中央根据完善社会治理体系、推进国家治理体系和治理能力现代化等战略目标而提出的具体要求。作为一项贴近中国基层实践、面向未来的事业，社会治理智能化建设实践在创新社会治理、拓展社会参与渠道、夯实基层社会治理力量等方面取得了重大成效，但仍然存在顶层设计不够、重心下沉不够、法治改革不够、技术支撑不够等现实问题。推进社会治理智能化建设，需要始终坚持从实际出发，尊重客观规律，正确处理好顶层设计与基层实施的关系，同时要在法治轨道内深化社会治理智能化建设。

党的十八大以来，习近平总书记对智能化建设、创新社会治理等作出了一系列重要论述，[1]为推进社会治理智能化提供了理论基础与根本遵循。2016年10月，习近平总书记就加强和创新社会治理作出重要指示，强调要"提高社会治理社会化、法治化、智能化、专业化水平"[2]，正式提出了"社会治理智能化"这一科学命题，并随后被写入党的十九大报告。十九届四

---

〔1〕 参见张文显："新时代中国社会治理的理论、制度和实践创新"，载《法商研究》2020年第2期，第3页以下。

〔2〕 参见"习近平：建设更高水平的平安中国"，载新华网：http://www.xinhuanet.com//mrdx/2016-10/13/c_135749912.htm，访问日期：2020年5月15日。

中全会决定正式提出"社会治理体系"概念，并将"科技支撑"作为七个组成部分之一，社会治理智能化显然是"科技支撑"的重要体现。虽然中央提出了"社会治理智能化"的目标与任务，但是在具体工作中主要强调发挥地方的能动性，即主要由各地方进行试验、改革与推进。从目前的实践来看，不少地方已经开展了卓有成效的工作；但理论界对社会治理智能化实践的关注较少，存在理论研究落后于改革实践、理论提升不足等问题。

一、社会治理智能化建设实践的成效

许多地方在社会治理的实践中不断探索推进智能化建设的方法与路径，已经初步实现了智能化建设与创新社会治理相互促进的良好局面。一方面，智能化建设为社会治理注入新动力，助力解决了一些长期想解决而没有解决的问题，促进形成社会治理的新体制新机制，带来了社会治理的新格局；另一方面，创新社会治理为智能化技术的创新发展带来了广阔舞台，智能技术实现了大发展。

（一）智能技术融合创新社会治理，社会治理智能化功效初显

为实现"提高社会治理智能化水平"的目标任务，许多地方尝试将大数据、云计算、人工智能等智能技术运用于社会治理数据收集与汇聚、社会治理算法模型开发与利用以及社会治理机制改革等社会治理的各个方面，智能技术与创新社会治理工作在多个维度实现了初步融合，社会治理效能及其规范化与科学化水平得到了很大程度的提升。

第一，社会治理数据收集工作取得新突破。应用大数据提高社会治理智能化水平，[1]已经成为学术界与实务界的共识。

---

[1] 参见杨雅厦："应用大数据提升社会治理智能化水平"，载《光明日报》2017年4月10日。

然而，大数据并非自然存在的，学术界对于"如何获得大数据"这一问题的研究与关注不够。在社会治理智能化建设实践中，许多地方探索利用智能技术，特别是智能感知技术（如人脸识别、车辆识别等技术）对社会治理信息——包括人、事、物、地、组织等进行数据化采集工作。例如，某市全面推进建设全市统一的标准作业图、标准建筑物编码、标准地址库、标准基础网格（"四标"），核实全市实有人口、实有房屋、实有单位、实有设施（"四实"），从而实现大量基础数据的采集。同时，为了保障数据收集等工作的完成，许多地方加强了网络化管理制度建设，特别是网格员队伍建设，网格员因此也成为数据收集的主力军，进而形成了以网格员为主力的基础数据采集机制。例如，某市推出"智网工程"，完成基础网格划分，将全市划分基础网格近3000个；组建网格管理员队伍，按照"一格两员"至"一格五员"的标准，全市到岗网格管理员近10 000名，平均每个网格配备网格管理员3名，全体网格管理员配备网格作业手机终端、统一着装、持证上岗。

第二，初步形成了以数据共享融合为纽带的部门协同治理机制。社会治理是国家治理的重要组成部分，[1]但其外延目前还不是很清楚，不过可以肯定的是，社会治理需要政法单位、有关政府部门协同完成。在传统的社会管理模式下，部门协同治理主要靠"协调机构""协调会议"等方式进行推进，具体工作则需要各部门自己完成，监督方式则主要是事后的部门考核。这种工作机制有一定的缺陷：①工作效率不高，除非出现重大事件，否则往往需要靠各种会议去落实；②各部门的工作

---

〔1〕 有关国家治理与社会治理二者之间的关系以及学术界的争议，可参见张文显："新时代中国社会治理的理论、制度和实践创新"，载《法商研究》2020年第2期，第3页以下。

积极性难以有保障，时常会出现有关部门不积极配合、部门推诿的现象；③各部门虽然协调治理，但有关的信息与数据并不共享，协同程度不高。社会治理智能化建设推动了协同治理体制机制的进一步完善与转型升级。首先，数据共享融合成为推动部门协同治理的"牛鼻子"。社会治理智能化要求各部门的社会治理数据实现融合。在智能化建设实践中，各部门都有数据共享的主观意愿或者客观需求，因此调动了部门协调治理的主观积极性。其次，智能化建设与社会治理的融合实践，推动形成以数据共享融合为核心特征的部门协同治理新机制。传统的部门协同治理，往往以个案中的任务分工为核心特征，而智能化建设赋予了协同治理机制更高层次的核心内涵：数据共享融合。例如，某市某区规划成立全市首家区级"大脑"，初步实现区基础数据库、相关委办局、各街镇及各类专题政务数据的汇聚应用。此外，智能化技术提高了协调的效率。随着信息化协调手段的推广，传统的面对面的会议协调形式越来越少，日常的社会治理协调工作变得简易，改变了过去"重开会轻落实""精力都花在开会上"等形式主义现象，提高了部门协同治理的实效。

第三，算法模型和社会治理自动化有新发展，人机共治的社会治理机制雏形显现。"社会治理智能化"命题的提出，让许多人都期待以算法为内在发展逻辑的人工智能技术可以实现社会治理的转型（智能化）升级。[1]实践调研发现，在社会治理领域开发专门的算法模式是一件十分困难的工作，但不可否认的是，将社会治理规则融入智能化技术的算法模型，是实现社会治理自动化、智能化的关键。当前，除众所周知的语音识别、

---

[1] 参见王磊、陈林林："人工智能驱动下智能化社会治理：技术逻辑与机制创新"，载《大连干部学刊》2019年第2期，第58页。

人脸识别技术外，一些地方在社会治理智能技术开发上取得了新进展，在某些社会治理环节上实现了自动化。例如，某市某区某街道"城市眼云共治"系统已经实现了某种程度的社会治理自动化：机器设备的AI行为识别技术（算法）目前已经可以实现垃圾堆积、沿街晾挂、游商经营、出店经营、违规广告、机动车违停、非机动车违停、异常行为、人员异常聚集等行为事件的自动识别；在此基础上，系统会根据相关法律规则将信息自动推送给网格员、社区或者执法队员，由相关人员对上述行为进行处置，从而实现了自动指挥；相关行为若在规定时间内没有被处置，系统亦会自动进行提醒，从而实现了自动监督。同时，为配合社会治理部分环节的自动化，社会治理主体调整了工作机制，形成了人机共治的社会治理机制的雏形。人机共治，是指智能技术与人类在社会治理中实现融合式共同治理。一方面，通过将智能技术嵌入社会治理的全流程，智能技术适应社会治理的特征、流程与功能，甚至实现机器在社会治理领域内的"自主学习"；另一方面，实施社会治理行为的人员需要熟练掌握智能技术的使用方法，将智能技术运用于社会治理决策、执行、评价等具体行为当中。

第四，以数据为中心重构了社会治理工作流程，促进了社会治理的规范化和科学化。调研发现，在许多地方，社会治理工作都强调全方位、立体化、闭环式的社会治理模式。闭环式社会治理，是指社会治理事件的巡查、发现、上报、立案、调拨、处置、反馈、核查、结案、监管、评价等"全闭环流程"都能在智能治理平台上实现一体化管控。这种工作流程有助于促进社会治理的规范化与科学化。一方面，数据化管理促进了社会治理的规范化。将社会治理规则内嵌于社会治理平台系统，将权力关在制度化、智能化系统的笼子里，能有效力防止权力滥用，使社会治理的工作符合法定程序与要求。另一方面，排查风险、发现问题与决策部署以数据为基础，提高了社会治理的科学化水平。

（二）智能技术拓展社会参与的渠道，共建共治共享社会治理局面呈现新内容

我国一直强调社会组织、企业、公众等多元主体参与社会治理的重要性，[1]但是长期以来，社会治理主体仍然以党委政府行政力量为主，社会组织、企业、公众参与社会治理的积极性不高、广泛性不足、渠道不畅通、准确率偏低，效果并不明显，容易受到工作人员和分管领导的责任心和经验局限影响。另一方面，公众常常借助于社会舆论、特殊社会关系、不合法途径等非制度性途径参与社会治理，影响社会治理决策，破坏社会治理主体之间的信任关系。[2]社会治理智能化建设实践为解决该问题提供了新方法新经验。通过社会治理大数据共享来推动基层社会治理主体多元化，扩大社会治理主体的范围，增进基层社会治理的互动性和协同性，加快促成共建共治共享的智能化社会治理局面。

第一，智能化技术成为社会组织、企业、公众参与社会治理的"敲门砖"。在传统的社会治理模式中，社会组织、企业、公众参与社会治理往往面临各种各样的现实障碍。在智能化时代，社会组织、企业和个人借助智能设备终端，可以方便快捷地融入当地的社会治理机制中。依靠智能设备的广泛普及，社会中的每一个人都可能成为社会治理中的问题发现者和数据采

---

[1] 有关理论研究，可参见范如国："复杂网络结构范型下的社会治理协同创新"，载《中国社会科学》2014年第4期，第98~120页；田瑞华："社会治理多元主体参与的精细化思考"，载《内蒙古社会科学（汉文版）》2016年第6期。

[2] 参见陈柏峰："中国法治社会的结构及其运行机制"，载《中国社会科学》2019年第1期，第76页。

集员,社区居民可以利用治安防控系统保护自己,外卖小哥可以作为城市问题的流动巡查员。例如,某市某区依托社区工作人员、普通群众等,实现数据采集的政府主导和社会参与,使数据更加真实客观、系统全面和动态鲜活;通过微信公众号平台,设置"网格服务""一键报警""办事大厅""系统对接"等模块,与智能化综合指挥平台对接,让群众通过手机实时上报各类社区问题;开发党员群众可视化监看App,接入公共视频和出租屋管理系统信息,系统端口向辖区党员、志愿者和出租屋主开放,发现可疑人员和问题第一时间上报街道综合指挥平台,解决了有用信息"漏失"问题,实现"人人都是网格员""大家的事情大家办,大家的社区大家管"。

第二,智能化公共服务成为公众享受智能化社会治理成果的新途径。许多地方推出线上法律服务平台,由律师、法官等在线上解答群众提出的法律问题,为人民群众提供快捷的法律服务。某市某区社会风险隐患排查辅助平台的"校园及周边安全模块"设置了案例警示和安全教育栏目,师生、家长可以通过阅读案例警示和安全教育提高风险防范意识和提高安全自救能力。某市某区某村的"仁里集"智能治理云平台应用,有效地协助解决群众诉求,有效拓宽了村民交流空间、增进了邻里感情。

(三)智能技术夯实基层社会治理力量,基层社会治理体系和治理能力的现代化水平达到新高度

习近平总书记指出,"基层是一切工作的落脚点,社会治理的重心必须落实到城乡、社区"。智能化建设看似与基层社会治理体系和治理能力无关,但是在实践中却成为夯实基层力量的"助推器"。

第一,智能化建设促进了基层党建工作。我国一直重视基

层党建工作在社会治理中的作用。社会治理智能化建设为基层党建工作注入了新动能。例如,某市某区按照本地村民和流动人口两个类别,分别建立党员联系群众制度,通过设置党员联络群众二维码、党员服务群众QQ群、微信群等形式,组织本村党员和流动党员深入推进"一当二听三做四带"星火工程(当义工,听意见建议、听诉求表达,做思想工作、做宣传工作、做调解工作,带企业、带商户、带楼栋、带家庭),扎实做好知民情、解民忧、助民生、暖民心工作,切实做到情况在一线掌握、问题在一线解决、矛盾在一线调解。

第二,智能化建设强化了网格化管理,壮大了基层网格员队伍。网格化管理是我国基层社会治理的主要模式。[1]智能化建设与社会治理的融合,较大程度地强化基层网格员的功能,从而亦推动基层网络员队伍的发展壮大。在网络管理员的功能上,网格管理员既是信息采集员、巡查管理员,又是政策宣传员、纠纷调解员、民情联络员,从而使社会治理服务的关口前移到社区、网格和楼宇,打通了服务群众"最后一公里",实现群众不出社区就能享受到便捷服务,吸引群众主动参与并融入社会治理工作当中。

第三,智能化建设优化了基层执法队伍。基层执法队伍是基层社会治理的重要力量,而基层执法队伍力量薄弱,是许多城市社会治理所面对的突出难题。智能化建设虽然并不能增加基层执法队伍的人员编制,但是在一些地方,能够对执法队伍结构进行优化。智能化建设促进执法力量下层,特别是"坐办公室"的人员、时间减少了,到现场执法的人员、时间增加了。智能化建设可以整合不同部门的执法人员。例如某市某区在不

---

〔1〕 我国基层网格化管理最早由北京市东城区实施,参见陈平:《网格化——城市管理新模式》,北京大学出版社2006年版,第51页。

改变执法主体、不改动执法程序、不增加执法人员编制的前提下，整合公安、城管、安监、劳监、食药监、市场监督等执法力量，组建一支综合执法大队，下设路面中队和网格中队。通过执法队伍结构的优化，可以在不突破现有人员编制的前提下，实现执法力量的最大化。

二、社会治理智能化建设的突出问题

虽然社会治理智能化建设取得了良好成绩，但受限于智能技术的发展水平、社会治理的特征、社会治理现有体制机制、社会治理队伍素质等主客观因素，目前仍然存在一些突出问题。与创新社会治理对智能化技术的客观需求、社会治理智能化的要求相比，仍然存在不少差距，任务仍十分繁重。

（一）顶层设计不够，"各自为治"现象比较普遍

习近平总书记指出："我们要深刻认识互联网在国家管理和社会治理中的作用，以推行电子政务、建设新型智慧城市等为抓手，以数据集中和共享为途径，建设全国一体化的国家大数据中心，推进技术融合、业务融合、数据融合，实现跨层级、跨地域、跨系统、跨部门、跨业务的协同管理和服务。"[1]这为做好推进智能化建设与创新社会治理深度融合的顶层设计工作提供了深刻的思想依据。然而，就目前实践来看，顶层设计还存在若干问题。

第一，顶层规划不足，智能化建设呈现"屏幕化"趋势。社会治理智能化建设，中央的规划并不多，不能够满足基层的客观需要。《新一代人工智能发展规划》提出，要"围绕行政管理、司法管理、城市管理、环境保护等社会治理的热点难点问

---

〔1〕"习近平：加快推进网络信息技术自主创新 朝着建设网络强国目标不懈努力"，载《人民日报》2016年10月10日。

题,促进人工智能技术应用,推动社会治理现代化。"但《新一代人工智能发展规划》仅提出了一些具体目标,并没有具体规划。各地根据自身的需要与理解,进行了社会治理智能化建设的规划。虽然各有特色,但是呈现了"屏幕化"趋势,[1]即围绕各种形形色色的"指挥大屏幕"进行建设,并依赖于"大屏幕"来展示智能化建设的成果。例如,视频监控的部署越多,屏幕上能看到人、事、物就越多;算法模型开发,意味着屏幕了功能模块的增加等。

第二,技术标准等技术规划的顶层设计不够,各地百花齐放,可能造成日后无法共融。社会治理实践中,人们往往从政策、法律角度理解"顶层设计",至于社会治理使用的智能技术,常常被认为是纯粹技术问题因此不存在所谓的"顶层设计"。调研发现,一些经济发达地区乐于投入大量资源于社会治理智能化建设,积极性较高,争取创造出典型经验。然而,由于中央没有具体的统一部署,特别是没有制定统一的标准,因此不同地区的建设规划、技术标准、社会治理的重点问题等都有所不同,可能造成新的"系统孤岛""数据孤岛"现象,即不同地区使用的系统、录入的数据无法相融,为未来的"全国性大数据"建设埋下隐患。

第三,各业务系统根据自身需要进行社会治理智能化建设,"各自为治"现象比较普遍。由于包含各有关单位的、统一的社会治理智能化建设的顶层设计工作滞后于各条线业务系统的建设,各业务系统长期处于各自为政、各自建设的状态,"一数多源"成为普遍现象。再加上系统的语言环境不同、开发工具多种多样,多种因素叠加,为当前的数据治理工作带来了极大的

---

[1] 具体的例子,参见"一块屏里的社会治理",载《人民日报》2020年4月29日。

难度。数据的时效性、准确性无法得到保证,在此基础上的大数据应用更是无从谈起。调研发现,一些地方的市、区两级职能部门下沉到街镇的各类平台种类多、数量大,总数接近200个;这为平台整合带来了很大困难,而即使整合后,平台运行的后台核心仍然是条线系统,实质上还是条线部门起主导作用。

(二)重心下沉不够,基层社会治理力量依然薄弱

党的十九大报告指出,"推动社会治理重心向基层下移"。在社会治理智能化建设客观上也要求社会治理机制扁平化,具体而言就是要减少从事指挥管理的力量、使社会治理重心下沉到基层。然而,调研发现,尽管在扁平化机制、减少决策层次等方面取得了一些成效,基层执法力量、网格员力量等社会治理基层力量仍然薄弱。

第一,基层执法的人力等资源受制于编制等因素影响,并没有实现质的飞跃;在队伍结构优化、基层综合执法改革等体制机制改革上,一些地方虽然有新尝试,但是目前仍只能在旧有体制机制上小修小补,并没有发生本质性的变化。网格管理制度施行后,一些基层执法等职能部门产生了"入格就是甩包袱"的心理,当起甩手掌柜,希望网格员直接处理问题,或者对网格员发现问题不及时跟踪处置,个别职能部门甚至为了压减处置压力、避免让上级部门认为日常工作不力,要求网格员减少上报相关隐患问题。

第二,智能化建设强化了网格员队伍的重要地位,然而整体上力量依然比较薄弱,资源保障不足的问题比较普遍。从工资待遇等资源分配来看,各地在网格员队伍的投入相对较低,网格员工资待遇较差,职业晋升空间有限,因此网格员工作吸引力不高,队伍流动性较大。从工作内容与工作效果而言,各地的差异性较大;在一些地方,往往将一些临时性、专项性或

者日常工作中难以推动的任务，借助网格管理员的力量开展，导致网格员无法集中精力完成网格规定的工作量，网格管理员专职专用的管理要求未能有效落实。从网格员队伍结构来看，网格员队伍建设水平还有待提升，专职化程度还不够高；人员素质相对较低，职业教育培训还需要强化。

(三) 法治改革不够，体制机制创新缺乏保障

社会治理智能化建设的新实践客观上要求体制机制上的改革予以配合，但限于没有法律或者政策上的依据，各地在创新过程中经常会面临"于法无据"的困境。

第一，不同社会治理部门之间进行数据共享、融合缺乏法律依据，甚至可能违反法律。由于密级等法律规定，导致数据无法共享。例如检察机关数据的密级较高，不能向其他部门提供数据。由于上级部门没有共享，基层不敢在数据共享方面先行先试。许多地方表示，由于上级部门特别是中央部门之间没有实现数据共享，下级部门特别是基层单位不敢率先实现共享，以免日后被追究责任。

第二，网格化管理等基础性制度缺乏基本法律依据，不同地区的差异性比较大。智能化建设与创新社会治理融合对于基层社会治理提出了更高的要求。但长期以来，基层社会治理制度构建比较落后，既不能满足传统的社会治理要求，更不能满足智能化社会治理的新要求。例如，虽然网格管理已经成为我国基层社会治理的基本制度，但由于没有基本的法律依据，[1]各地的制度实效参差不齐，其在智能化建设中的功能亦无法得到保证。

---

[1] 关于网络管理的法治路径，可参见汪习根、武小川："论社会管理创新的法治路径——以全国试点城市宜昌为分析样本"，载徐汉明主编：《社会治理法治前沿年刊（2012）》，湖北人民出版社2012年版，第81页。

第三，政府与企业的合作模式缺乏法律保障。如上文所述，在社会治理智能化建设实践中，为了弥补党政机关技术能力不足问题，各地普遍采取了政府与企业或者高校科研机构合作机制。这种新机制是解决社会治理现实问题的有效手段，但是目前这种新机制仍然缺乏足够的法律基础，存在一些法律风险。例如，党政机关可以提供什么数据给企业用于技术开发，如果向企业开放涉密敏感数据，是否存在数据泄露风险？目前的合作机制能否充分有效控制风险？企业的准入条件是什么，政府企业合作是否要符合政府采购的规定？党政机关对其参与开发的智能技术是否享有知识产权及其后续收益？因技术质量问题引发的矛盾纠纷，党政机关与企业的法律责任应当如何厘清？各地在智能化建设过程中，往往采取过于实用主义或盲目乐观的态度，对于诸如此类的问题常常缺乏解决的方案。

（四）技术支撑不够，社会治理智能化水平比较低

智能化建设与创新社会治理的深度融合，需要相应的智能技术作为支撑，而智能技术以数据为基础。目前，由于存在数据不足与智能技术缺失等问题，社会治理智能化的程度仍然比较低。

一方面，大数据等智能技术保障不足，难以支撑社会治理规则的算法化以及社会治理机制的共治化。目前大数据技术发展速度快，但在社会治理应用中还存在大数据存储能力有限、运用大数据分析及应用能力不够、大数据管理能力不够等多方面制约因素。[1]实践调研也发现，虽然"数据"的作用在社会治理实践中得到充分认可，但在运用大数据方面还存在许多短板。特别是在实践中，数据应用依然有很强的传统路径依赖，

---

〔1〕 孙涛："'大数据'嵌入：社会治理现代化的重要引擎"，载《求索》2018年第3期，第65页。

即根据以往的社会治理经验决定如何利用数据，而没有形成大数据的创新路径——通过大数据分析与应用创造新的社会治理经验。

另一方面，基础数据保障不够，社会治理要素的数据化不足。其一，基础数据缺乏。我国社会治理工作已经有几十年的经验，累积了许多社会治理原始数据，但这些原始数据并不符合智能化建设的要求，因此许多社会治理的基础性数据需要根据智能化的要求重新收集并根据新的技术标准重新数据化。一些地方虽然计划通过网格管理员对辖区范围内的人、屋、事、物、组织五大要素进行全面的信息采集管理，但耗费较大资源才实现了对房屋建筑基础信息的基本覆盖，对于其他基础信息和社会信息的关联暂未实现。其二，基础数据采集的工作机制不完善。基础数据采集需要严格遵循相应的技术要求，才能满足智能化的需要。但实践中，由于工作机制的不完善或者不科学，容易使基础数据采集达不到预期效果。例如，一些地方在进行智能化建设的过程中，就明确要求基础数据"一家采集，多次复用"，但在实际操作中，部分业务部门事前制订数据采集标准不科学，提出的采集数据项目量远超网格管理员实际采集能力或远不足以满足实际使用需求，并且对于网格管理员数据采集时遇到的问题不予重视，缺乏主动指导，数据入库之后对采集的数据又不予分析和认定，一遇到上级部署的信息采集任务，就再次要求各镇街重新采集有关数据，导致多次耗费大量人力、物力、时间重复采集基础数据，严重增加网格管理员日常工作量，同时也影响了其他治理工作的开展。

三、深化社会治理智能化建设的建议

"提高社会治理智能化水平"是以习近平为核心的党中央根

据完善社会治理体系、推进国家治理体系和治理能力现代化等战略目标而提出的具体要求。如上文所述，虽然社会治理智能化建设取得了重要成绩，但也存在一些问题需要在创新社会治理实践中不断地予以解决。本文认为，可以从以下几个方面加强社会治理智能化建设。

第一，坚持从实际出发，尊重技术发展应用的客观规律。社会治理智能化建设是一项长期的系统工程，人工智能技术也不可能一蹴而就。在进行规划以及推进工作的过程中，需要坚持从实际出发并遵循客观规律。不能唯技术，要符合"智能辅助"的技术定位。在社会治理中，技术也有短板，技术只能作为人类的辅助工具，不能完全替代人的能动性。要克服技术至上的错误倾向，防止产生技术与治理本质脱节的问题。[1]不能脱离基层实践，要重视技术应用的基层体验。智能技术应用本质上是为了解放人力，只有基层干部运用智能技术时工作量减轻了、工作效率提高了，才称得上是智能技术与社会治理的融合。不能单纯以成败论英雄，要构建科学合理的容错机制。技术演进有其发展规律和生命周期。前沿技术的开发应用势必存在一定的试验风险，技术投入不一定能够实现有效产出，常常多轮开发与投入才能产出令人满意的技术产品，这可能会使地方决策者产生畏难情绪或者担心被追究责任的心理负担。因此，如同其它领域的改革一样，对于智能化建设投入应当建立一定的容错机制。[2]结合实际实事求是，允许技术投入失败案例发生。

---

[1] 参见李婕："网络化时代社会治理的智能化问题探讨"，载《大庆社会科学》2018年第4期，第113页。

[2] 参见梅立润："全面深化改革情境下的'容错机制'"，载《重庆社会科学》2016年第6期。

第二，正确处理顶层设计与基层实施的关系。社会治理智能化是中央作出的重大决策部署，但具体的规划与实施工作由地方开展，且主要在市级层面推动政策落实。在这过程中，我们需要处理好中央与地方、顶层设计与基层实践的关系，贯彻宪法第三条所规定的"遵循在中央的统一领导下，充分发挥地方的自主性、积极性的原则"。通过基层具体试点和实践经验自下而上地推动整体社会治理体制的转型，是改革开放以来中国社会治理转型的成功经验之一。[1]但对于基层而言，社会治理智能化属于新鲜事物，可供借鉴参考成功的经验很少，试点的难度比较大。因此，中央一直强调要鼓励地方大胆创新，形成典型的可复制的经验。但是智能化建设是一件技术性很强、资源耗费很大的工程，不能盲目地鼓励所有地方都进行大建设。另外，不同地方社会治理中所面临的痛点、难点也大不相同，例如在出租屋管理、流动人口服务等事项，各地的需求不一致，因此智能化建设需要坚持以需求为导向，根据地方特点作出适当调整，不能机械化地追求一致化。

第三，坚持运用法治思维和法治方式，确保社会治理智能化建设在法治框架下展开。开展社会治理智能化建设要坚持法治原则，健全法律制度、严守法治底线。虽然我国已经建成中国特色社会主义法律体系，但在社会治理领域，既有法律体系的覆盖率仍然较低，[2]需要根据社会治理智能化建设的需要尽快完善法律体系。在公权力行使的过程中，要坚持"法定职责必须为，法无授权不可为"的原则，不能因为"智能化"而给

---

[1] 参见李友梅："当代中国社会治理转型的经验逻辑"，载《中国社会科学》2018年第11期，第63页。

[2] 参见陈柏峰：《中国法治社会的结构及其运行机制》，载《中国社会科学》2019年第1期，第72页。

权力大开绿灯。坚持比例原则，以问题为导向，实现"智能"与"法治"的统一。安全等治理目标是相对的而不是绝对的，社会治理智能化建设需要遵循比例原则，[1]不能为了社会治理的方便，而无节制地使用智能化技术；不能以先进技术为借口，无视法治的精神。

---

[1] 关于比例原则，参见黄学贤：《行政法中的比例原则研究》，载《法律科学学报》2001年第1期，第42~49页；刘权：《目的正当性与比例原则的重构》，载《中国法学》2014年第4期，第133~150页。

论犯罪预防与人脸识别技术之间的博弈
——基于隐私与效率的角度

夏立款　中国人民公安大学博士研究生

摘要：人脸识别是指在静止的图像或视频序列中确定是否存在人脸，并在存在人脸的图像或序列中给出人脸的数量、位置、大小等参数。[1]人脸识别属于生物特征识别技术的一种，其同样依据生物体（一般特指人）的生物特征来区分个体。目前，对人的脸部、指纹、手掌纹、虹膜、视网膜、语音、体形、个人习惯（如签字）等生物特征都有相应的识别技术。这些特征常被视为便捷的身份认证形式，因为它们大多与生俱来，且具备唯一性。[2]当前，人脸识别技术在预防犯罪方面有着巨大作用，例如，人脸识别技术可以帮助及时识别和发现犯罪嫌疑人，在预防违法犯罪方面具有高效、精准的优势。但是随着人脸识别技术的迅猛发展，人们逐渐重视隐私安全，世界范围内逐渐开始出现抵制人脸识别技术的声音。

一、人脸识别技术预防犯罪的实践

（一）域外实践情况

2019 年，全球知名风投调研机构 CB Insights 发布报告称，

---

〔1〕 李森：" 视频监控下的人脸识别及跟踪研究 "，湖南大学 2016 年硕士学位论文。

〔2〕 高靖："人脸识别技术在公安应用中的浅析"，载《中国安防》2016 年第 9 期，第 58~61 页。

面部识别等生物技术正在改变诸多行业防范犯罪的模式。CB Insights 的专利分析工具显示,在美国,人们对人脸识别软件的兴趣正在飙升,而且有几家公司正在为执法应用开发这项技术。例如,亚马逊正在向执法机构出售其面部识别技术——"亚马逊认知"(Amazon Rekognition)。该技术声称可以对视频流进行"实时分析""基于人脸的用户验证"以及许多其他功能。该报告还称,该公司于 2018 年申请了一项专利,该专利探索了附加的认证层,包括要求用户执行某些动作,如"微笑、眨眼或倾斜头部"。汽车制造商正在测试人脸识别技术,以验证司机身份,这可能有助于减少汽车盗窃事件。福特(Ford)和英特尔(Intel)合作开展了一个名为"美孚项目"(project Mobil)的项目。在该项目中,一个仪表盘摄像头使用面部识别技术来识别车辆的主要驾驶员或其他授权驾驶员,如果不是授权驾驶员,而是其他人坐在驾驶座上,它就会阻止车辆启动。以下行业已经使用面部识别技术,以改善商业实践、产品和运营:①执法部门;②医疗保健部门;③零售部门;④市场营销和广告部门;⑤银行;⑥体育竞技;⑦社交媒体;⑧航空部门;⑨汽车行业;⑩博彩行业;⑪选民投票。[1]

美国政府问责局(GAO)在 2019 年 6 月的一份报告中表示,FBI 的人脸识别办公室现在可以搜索包含 6.41 亿多张照片的数据库,其中包括 21 个州的数据库。政府问责局表示,几十年来,指纹分析一直是最广泛使用的生物识别技术,用于确定被捕者的身份,并将他们与以往的犯罪相关联。2010 年,联邦调查局开始用下一代指纹识别系统(NGI)取代集成的自动指纹识别系统(IAFIS),NGI 不仅包括来自 IAFIS 和传记数据的指纹

---

〔1〕 https://www.securitymagaz-ine.com/articles/90341-facial-recognition-changing-industries-across-the-us.

数据,还通过整合生物特征识别技术(比如人脸识别技术)提供了新的功能和改进了现有的能力。作为一项举措的一部分,联邦调查局开始更新州际照片系统(IPS),提供面部识别服务,让执法机构可以搜索一个犯罪照片数据库,该数据库使用一个名为"调查照片"(probe Photo)的无名人士的照片,与提交的指纹照片一起出现。NGI-IPS 于 2015 年全面投入使用。NGI-IPS 的用户包括美国联邦调查局(FBI)、特定的州和地方执法机构,这些机构可以提交搜索请求,从而帮助其识别监控摄像头拍摄的陌生人照片。问责局表示,当一个州或地方执法机构提交这样的照片时,NGI-IPS 会启动自动机制,从数据库中搜索候选照片列表,最终结果从 2~50 张不等。[1]

(二)我国实践情况

1. 区域精准布控

所谓人脸识别技术应用于区域精准布控是指在特定的区域和特定的时间,精准高效地对犯罪嫌疑人等人员进行搜索,从而确认目标的轨迹。具体的应用模式为将目标任务的人脸数据作为布控对象,利用人脸识别技术进行匹配,一旦目标人出现,系统自动识别报警。

2. 重点区域全方位布控

火车站属于重点需要防范违法犯罪的区域。将重点区域自有人员按照不同的分属区域准入权限设定白名单,在重点区域范围与抓拍人像库进行精准布控,一旦非白名单陌生人员出现,立即报警至保安值班室(值班室管控人员可以将登记获准进入的外来人员临时授权白名单,以降低不必要的虚警)。将陌生人员库实时与高危人员库和黑名单库(比如暴恐分子在逃人员库

---

[1] https://www.securitymagazine.com/articles/90332-fbi-using-more-facial-recognition-to-fight-crime.

等）进行比对识别，一旦发现信息吻合，立即向单位值班室和所属辖区派出所联动报警。火车站内旅客活动场所，一般进出人流的数量比较大，身份各异，将一些重点人员，如盗窃前科人员、吸毒人员等，注册为重点人员库，设定重点区域，实时与人像抓拍库进行比对，一旦发现其进入，立即报警至保安值班室，可以进行犯罪预警干预；将抓拍人员库实时与黑名单库（比如暴恐分子在逃人员库等）进行比对识别，一旦发现信息吻合，立即向保安值班室和所属辖区派出所联动报警。

3. 在验票登记处布设人证合一系统

自动从人脸摄像机数据中提取人脸，经工作人员刷身份证后，自动检验身份证并读取身份证照片、文字等信息，现场进行人脸和身份证照片进行比对，判断是否为本人。如果一旦判别为身份信息和人脸信息不一致，马上产生告警信息到指挥中心，并自动将人脸照片与预设的重点人员库进行比对识别，如果确认目标身份为公安布控嫌疑人的，立即提高报警级别并启动相关联动程序（比如马上关联实时视频，多警种值班室同步报警等）。

4. 警务通App动态识别检索

某公司开发了能装载在警务通手机系统上的人脸识别检索App应用服务。下载安装后，可在连接平台人脸数据库，将一线警务通采集的人像照片与重点人员库、逃犯库等预设人脸资源库进行大数据检索比对，在秒级的反馈时间内确认目标嫌疑人的身份信息，精确快速高效的支持一线治安反恐实战。

二、人脸识别技术遭遇隐私挑战

近来，人脸识别技术在美国公共部门的应用受到了媒体和社会的广泛关注，但大多数都呈现出消极态度。比如，2019年

5月,美国旧金山监事会颁布法令,该法令禁止警察和其他市政机构使用面部识别技术。这项禁令覆盖了包括市警察局和县治安部门在内的政府机构,但并不影响企业或个人安装的安全摄像头。[1]民众对联邦政府和各州如何使用这项技术以及由此产生的生物特征数据充满诸多担忧。许多人担心人脸识别项技术的使用将导致出现"老大哥"国家或政府。这些担忧正逐渐在新加坡、英国等国变为现实。例如,最近伦敦当局对一名男子处以罚款,原因是他行为不端——其为了躲避街上的监视而遮挡面部。[2]警察询问该男子为什么要蒙着脸。该男子表示,"如果我想遮住我的脸,我就遮住我的脸"。随后,便衣警察用手机给他拍了一张照片用于面部识别。最后,该男子被要求交出身份证,警方以扰乱治安为由对他开出了90英镑(合115美元)的罚款。英国有超过600万个监控摄像头,是人均监控摄像头数量较多的国家。在英国和美国,生物特征照片被拍摄并存储在相应的数据库中,用于与罪犯面部进行匹配——即使匹配不正确。

另据报道,警方使用自动面部识别监控系统的第一个诉讼出现在英国威尔士的加的夫。2017年12月,埃德·布里奇斯(Ed Bridges)看到警方发布禁令,宣布他们正在使用"自动面部识别技术",其认为这侵犯了他的隐私。支持布里吉斯的公民自由组织相关律师表示,"这就像在不知情或未经同意的情况下提取人们的DNA或指纹"。公民自由组织表示,研究表明,面部识别对妇女、少数民族和有色人种存在歧视,因为它会不成比例地发生误认,而且存在准确性问题。在旧金山成为美国第

---

[1] https://www.securitymagazine.com/articles/90240-san-francisco-bans-facial-recognition-technology.

[2] https://time.com/5590343/uk-facial-recognition-cameras-china/.

一个禁止使用面部识别技术的州之后,这起案件可能会进一步为面部技术的合法使用提供重要指导,尤其是对警察而言。[1]

美国旧金山禁止执法部门和其他机构使用面部识别,因为它给人的印象是在"监视"居民。与此同时,机场正在采用这种技术来取代登机牌。特朗普最近签署了一项行政命令,要求其识别100%的国际旅客,包括美国公民。除了受到政府监控的概念所引发的担忧之外,还有其他因素导致了公众对人脸识别技术使用的强烈抗议。这些包括:第一,当某些面部识别技术过时时,准确率较低、误差较大,尤其是应用于女性和少数族裔时;第二,对数据隐私安全的不信任,以及由于资料被泄露而可能导致个人身份及生物特征资料的损失;第三,对技术的使用方式和使用地点缺乏理解或缺乏足够的(坦诚的)解释(例如,公共区域与被认为是私有的区域)。

近来美国出于数据隐私的问题的考虑,已经阻止了几个人脸识别系统的实施。例如,纽约州洛克波特学区(Lockport School District)试图为所有学生推出一套面部识别系统。家长、老师和隐私倡导者提出了抗议。最终,纽约州教育部门叫停了这个项目,直到能够进行隐私评估,确保学生数据得到适当保护。[2]

三、执法部门应用人脸识别技术遭质疑的原因

(一)外部原因——隐私被监控的风险

为什么把面部识别技术交到政府部门手中会引起如此多的关注。许多反对在公共部门使用面部识别技术的人认为,用其

---

[1] https://www.securitymagazine.com/articles/90264-facial-recognition-case-begins-in-cardiff.

[2] https://www.lockportjournal.com/news/local_news/state-education-officials-want-lockport-schools-to-delay-facial-recognition/article_abe6072c-82f4-11e9-a772-67e0caa2c32b.html.

代替密码来保护他们的移动设备是没有问题的。这个问题的答案归结于谁拥有、管理和使用生物特征人脸匹配数据。

  苹果公司首创了供个人使用的生物识别认证技术。它首先在 iPhone 上使用了 TouchID 指纹认证，后来，TouchID 迅速传播到其他苹果设备，如 iPad 和 MacBook。三星和其他安卓设备很快也推出了自己的指纹认证。苹果公司在 FaceID 人脸识别技术方面更是走出了第一步，这已经成为 iPhone 和 iPad 的标准，其他手机制造商对手也正在做同类识别技术。毫无疑问，大多数 iPhone 和 Android 手机用户都乐于使用指纹或人脸来验证自己的身份，从而解锁手机、登录网站，甚至进行金融交易。然而，这些人通常都不希望政府机构使用类似的技术。理解这一现象的关键在于，首先要理解苹果公司及其竞争对手为何以及如何实现生物识别认证。

  可以明确的是，苹果设备并非出于安全目的而采用 TouchID 技术，因为可以使用 PIN 或密码轻易地替代它。事实上，对用户来说，指纹识别和面部识别在苹果设备上的使用完全是可选的，并非强制使用。苹果公司在 iPhone 上安装指纹识别器的真正原因是为了方便用户，用指纹解锁手机要比用个人识别码或密码快得多，FaceID 更方便快捷，因为它不需要把手指放在传感器上。即，手机用户可以接受指纹和人脸匹配技术的第一个原因是方便，而不是因为方便。人们信任移动生物识别技术的第二个原因是 PIN 和密码经常会出现问题。绝大多数的数据泄露（超过 80%）都是由于密码泄露和易于猜测造成的。为了安全起见，不得不使用随机的、长的、不容易记住的密码。相反，使用指纹或人脸识别相对于密码验证要容易得多。人们信任移动生物识别技术的最后一个原因是，生物识别数据安全地存储在设备本身。当与 iPhone 或 Android 设备上的指纹或人脸匹配时,它被称为设备上的匹配。换句话说,你所有的指纹或面部生物特征数据都不会离开你的移动设备,也不会存储在苹果、谷歌或政府机构管理的远程位置。

然而,设备上匹配的生物识别技术并不是任何风险。其中一个核心风险便是,存储在设备上的生物特征数据不一定要对设备的所有者进行身份验证。我们很多人的个人设备上都有多个指纹或面部生物特征,通常包括配偶和孩子。如果你使用生物识别技术解锁手机或进行交易,任何登记的指纹或人脸都可以使用。

综上所述,民众之所以忌惮执法部门拥有和使用人脸识别技术,是因为这些生物特征数据由执法部门掌握和使用,民众难以知晓自己的相关生物特征数据如何被使用,也即,执法部门使用人脸识别技术缺乏相应的监督。

(二) 内部原因——人脸识别技术的局限性

人脸对比识别主要是通过对人脸识别算法的合理的应用,针对抓拍到人脸的图像建模,并且在该过程中,要与黑名单中数据库中的人脸进行动态对比,若人脸相似度达到了相应的阈值,此时系统将会自动报警使管理人员意识到该项问题。通常来说,人脸识别技术都是基于统计学习的人脸特征选择算法,学习海量人像数据,并且要在选择特征的基础上,利用测试集,对被选择的不同特征的人像对比效果产生的具体影响进行对比分析,依据测试结果,从大量的人像中选择出一张最佳人像。通过对自动最优特征选择算法,完成对人像信息合理描述,提高了对比人像的速度,并且具体算法适合应用在海量人像对比场景中。[1]但是人脸识别技术在具体的应用过程中会存在一些

---

[1] 张金龙:"浅析人脸识别技术在公共安防视频监控领域的运用",载《中国公共安全》2019年第3期,第80~82页。

不可避免的局限性，比如人脸相似问题、同一张脸会发生变化以及存在遮挡物等问题。笔者以人脸相似问题来说明人脸识别技术的局限性。针对同一种人，人脸结构具有很高的相似性，实际性的差别较小，人脸识别技术在应用时会发生较大的误差，针对该现象，相关研究人员，应重点加强对人脸相似度参数调节内容的研究，提取人脸上的细微差异，从而使人脸识别的准确率能够得到进一步提高。

四、人脸识别技术与防范犯罪博弈的结合点——生物特征数据集中管理

多年来，世界各地的政府机构一直在使用集中的生物特征数据库。这样的数据库包含数十万甚至数百万的身份和相关的生物特征数据，其中往往包括面部识别数据。集中式人脸识别系统是一种重要的工具，在执法部门、海关和移民机构有着悠久而成功的历史。如果面部识别系统不在这些机构的控制范围内，这些机构将很难做好自己的工作，并保护其选民不受罪犯和恐怖分子的伤害。如果这些敏感的生物特征数据被破坏，数据泄露还可能会产生巨大的风险。当考虑到影响数亿人隐私的数据泄露数量时，就可以理解公众为何越来越关注生物特征数据的存储、使用地点以及方式。

所以，必须在个人隐私、安全和公共安全之间取得平衡。这种平衡往往很难达到。总的来说，人脸匹配和生物特征，可以用于许多私人和公共部门的应用，从识别罪犯和恐怖分子，到确保公司网络的安全和建设。在私人企业中，人脸识别可以用于线上（如网络、文件访问、交易等）和物理（如建筑、门、电梯等）安全。

（一）人脸识别技术在防范犯罪方面的优势

尽管对人脸识别技术有着诸多担忧，但是包括人脸识别技术在内的生物识别技术并不一定是可怕的。事实上,人脸识别可以有效地防止很多犯罪问题。比如上文提到的,洛克波特学校的项目可能是一个很好的例子,说明如何正确使用这项技术可以带来的好处。如果应用正确,洛克波特将能够阻止恋童癖者和其他有威胁的人进入校园,确保儿童不会被错误的人带走。每种生物识别模式都有各种各样的适用场景,人脸识别技术在保护校园安全方面具有重要的作用和难以取代的优势。儿童、教师和家长通过指纹识别器等特殊硬件进行交互,当违法犯罪事件发生时,比如有可疑人员进入学校,警报就会自动生成。然而,为了实现这些好处,洛克波特学校应该更好地考虑他们的计划。应考虑到几个因素,例如:第一,生物特征(即面部)数据在哪里储存以及储存的方式;第二,如何保护生物特征数据;第三,如何使用生物特征数据。以上三个因素也是执法部门在掌握和使用人脸识别技术时应该充分考虑的问题。

(二) 正确储存和使用生物特征数据

生物特征存储是一个重要而热门的研究课题。集中存储的生物特征和个人信息必须加密、隔离和保护。生物特征数据不应与其他个人身份信息(如姓名、生日等)一起存储。相反,生物特征数据应该匿名存储,使用映射回身份的不透明密钥。这样,如果生物特征数据被破坏,它将毫无用处,因为没有办法将其映射回特定的个体。任何关联身份(例如配偶、父母、孩子、雇主、已知的同事等)也应该匿名映射,使用不透明的密钥对应。

在执法方面,应该做到只有特定的身份才能授权将其生物特征与个人信息联系起来。例如,如果出于安全目的而在公共场所使用摄像机对某人进行识别,除非此人已知对公众构成危害或潜在危险,否则不应将其个人信息与人脸特征数据相匹配。

这将需要严格的程序约束以及外部监督,以确保公众的信任。我们可以审视一下其他侦查措施,比如搜查、技术侦查措施等,在进行具体的搜查和特定的技术侦查措施之前,要履行法定的程序,取得许可才能实施。同样地,将生物测定作为公共安全工具的使用,也应该有同样严格的法律规定政策和程序。有鉴于此,笔者认为为了平衡人脸识别技术与防范犯罪之间的冲突,可探索建立生物数据令状制度。所谓生物特征数据令状制度,是指对民众的生物特征数据采集后,要进行匿名的集中管理,这些生物特征数据不能指向任何特定的个人,当执法过程中需要将生物特征数据和特定的犯罪嫌疑人进行匹配时,执法部门需要向上一级机关或者法院申请许可,在得到许可后才能获准到保存生物特征数据的部门进行匹配。

几个世纪以来,英国和美国一直在保护公民不受国家的肆意干预——"我们希望国家向我们表明自己的身份,而不是向他们表明我们的身份"。不可否认的是,人脸识别在及时发现犯罪嫌疑人、预防犯罪方面确实有着得天独厚的优势,但是瑕不掩瑜,当前人脸识别技术在公共安全方面确实存在着监控民众的问题,为了更好地发挥人脸识别等生物识别技术的重要作用,有必要制定相应的制度和程序,从而保证人脸识别技术的合法化。

(三)重视隐私和数据安全

在使用人脸识别技术时,公民隐私安全始终是一个需要考虑的问题。我们在掌握数据后,有必要采取措施保证数据安全和公民的隐私。首先,所有个人信息数据,无论生物特征数据还是其他数据,都需要加密和隔离。关于这些数据具体由谁保存需要慎重考虑,我们知道目前数据泄露事件时有发生。比如以色列包括总理在内的数百万旅行者身份信息泄露;又如加拿大信用合作社发生大规模数据泄露；再如，全球有2300万信用卡号流入暗网。所以在取得相应的数据后，应十分重视数据安全，这包括存储、使用、交换和传递等。其次，访问上述数据需要是单向的。换句话说，任何生物特征匹配都需要在一个充当"黑匣子"的软件平台中进行，而不能将数据暴露给任何其他软件处理。因此，生物特征数据将被隔离，不开放检索。最后，同样重要的是，当身份数据从平台上删除时，生物特征数据也要删除。

五、结 论

人们对人脸识别技术充满担忧是可以理解的，使用包括人脸识别在内的生物识别技术往往存在着隐私和效率之间的冲突。上文提到了使用生物特征数据的几个要素，如生物特征数据保存的方式，但随着技术的发展，会逐渐产生出对使用人脸识别技术的新要求，这些要求是安全高效地使用人脸识别技术所必需的。如何平衡人脸识别技术和防范犯罪之间的冲突，没有"灵丹妙药"，也没有"一刀切"的解决方案。然而，如果仅仅因为隐私或其他方面的考虑而将生物识别技术弃用的话，也不符合长远的趋势。我们应该通过有效的生物特征数据安全措施以及适当的政策和程序来确保隐私，合法、合理使用面部识别等生物特征技术，并可以显著减少数据泄露事件，保护我们的个人信息，并使我们在一个"危险"的世界中更加安全。